AF452564

LE
PUITS DU DIABLE

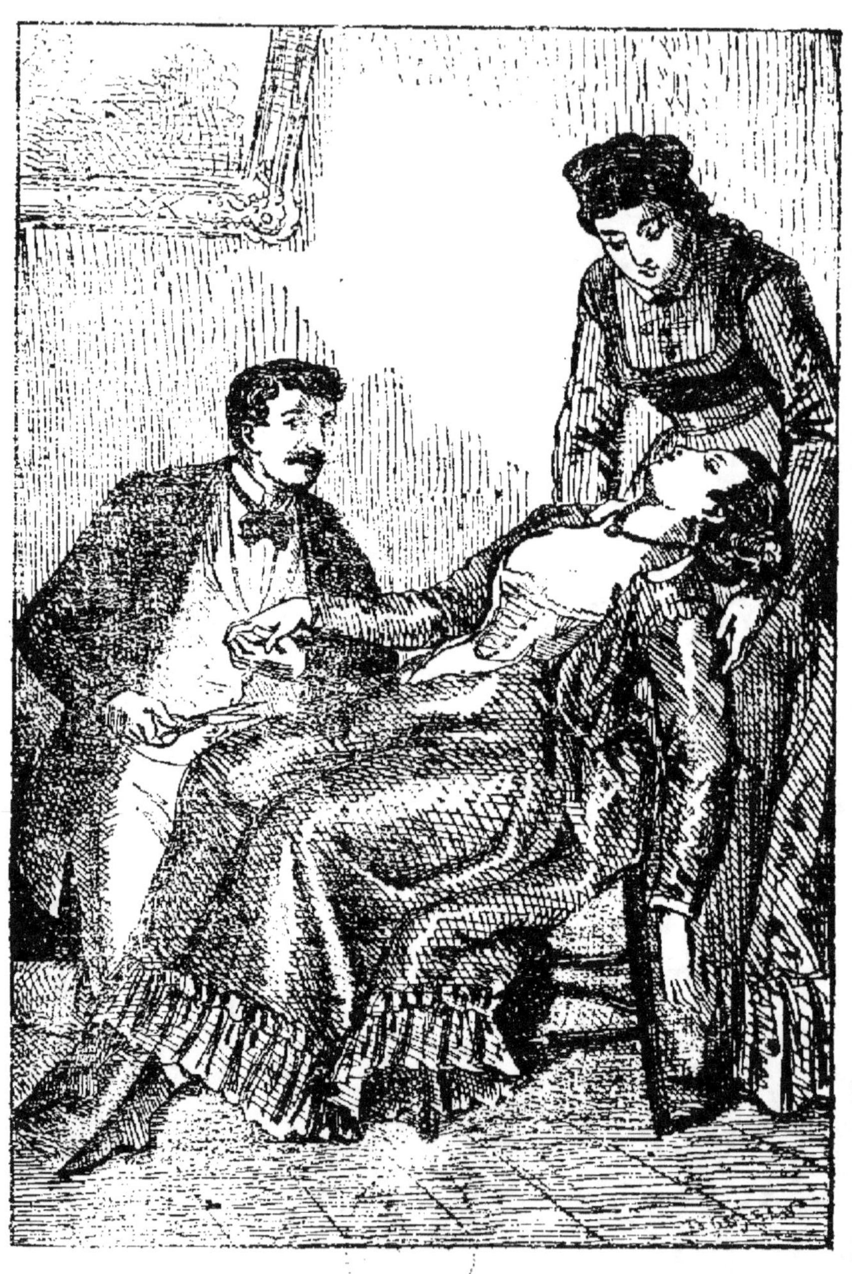

Les 24 heures d'un Provincial à Paris. (PAGE 48).

LE PUITS DU DIABLE,

Les 24 heures
D'UN PROVINCIAL A PARIS,
L'HOMME DÉCAPITÉ,
LA SALLE BRULÉE
OU LE PALAIS DES PAPES.

Histoires curieuses, fantastiques et extraordinaires
Par M. DE ROBVILLE

Le Palais des Papes (PAGE 96)

PARIS.
LE BAILLY, ÉDITEUR
Rue de l'Abbaye-Saint-Germain-des-Prés, 2 bis.

LE PUITS DU DIABLE.

Dans les premières années du xvie siècle, sous le règne du duc de Savoie, Charles III, le roi de France qui avait déjà manifesté des convoitises sur la possession de Nice, reprenait ses projets d'invasion. Un ingénieur piémontais, André Berganti, proposa au duc de nouvelles fortifications pour le château, et les travaux, étant acceptés, s'exécutèrent rapidement sous la direction du gouverneur de la ville, Louis de Bellegarde. Le château s'élevait à l'extrémité méridionale du rocher, dominant le golfe et protégeant la ville. Du côté du nord la forteresse reçut un énorme bastion ayant des angles armés d'ouvrages à cornes. Du côté de la mer on construisit des casemates et on éleva des glacis entrecoupés d'affûts pour l'artillerie. Un triple rempart en pierres de taille entoura les parties basses de la colline. Des bastions nombreux furent ajoutés aux murailles de la ville. Enfin, comme la citadelle pouvait manquer d'eau, on creusa dans le roc un puits étroit mais d'une profondeur extraordinaire ; il passait pour une merveille du temps. Le percement de ce puits avait été déterminé par une sorte de divination. Un chercheur de sources des environs vint un jour explorer les travaux et voyant l'embarras de l'ingénieur piémontais et du gouverneur de Bellegarde, qui cherchaient en vain un moyen de pourvoir d'eau la citadelle, leur proposa de leur en trouver en perçant la colline rocheuse. Cet homme passa d'abord pour un fou ; comme il insistait pour qu'on le mît à l'épreuve, il passa pour un sorcier.

« Je ne suis ni sorcier, ni fou, ni magicien, dit le bonhomme, mais je sais reconnaître la place du sol où il y a de l'eau.

— Tu vois donc ce qui existe dans l'intérieur de la terre? lui demanda le gouverneur.

— Non, reprit le paysan, mais Dieu m'a donné un instinct, je sens à mes nerfs un mouvement étrange quand l'eau souterraine est proche, et je ne me trompe jamais. Vous voulez un puits? Eh! bien il y a une source sous la colline, creusez, elle jaillira et remplira le puits creusé.

— Regarde-moi bien, repartit à son tour le gouverneur, on va te livrer des travailleurs, si tu réussis à trouver de l'eau sous nos pieds je te fais donner six marcs d'or. Si tu ne réussis pas...

— Vous me faites pendre? dit l'autre.

— Non, mais je te fais condamner à boire de l'eau toute ta vie.

— Qu'on m'apporte donc du vin et du meilleur, reprit gaîment le paysan, et qu'on se prépare à creuser le puits.

Il demanda une baguette de coudrier qu'on alla lui chercher dans une prairie des environs, il la dépouilla de ses feuilles, mais non de son écorce. Puis il la tint par les deux bouts dans ses mains, après s'être déchaussé; puis il se promena pieds nus sur le terrain de la colline occupé par le château et ses dépendances. Arrivé dans un petit préau situé dans le voisinage d'un bastion, il s'arrêta; il serra bien fort la baguette de coudrier, et celle-ci, comme obéissant à une force mystérieuse, se tordit dans ses mains et tourna sur elle-même avec violence.

— C'est ici, dit le chercheur d'eau, sous mes pieds; à une profondeur de trente-huit toises il y a une rivière qui coule et qui va se perdre dans des cavités sous la mer. Creusez, vous aurez une eau aussi douce que celle qui sortit du rocher quand la baguette de Moïse l'eut frappé.

— Par le ciel! s'écria le gouverneur, cet homme est un saint!

A la place désignée le terrain était friable; on se mit en devoir de creuser le puits, et en moins de huit jours les sondeurs déclarèrent qu'ils arrivaient à une couche d'argile, l'eau ne pouvait tarder à être trouvée. Décidément le bon paysan qui avait découvert le point où il fallait forer le puits était un bienheureux, inspiré du ciel et envoyé par le bon Dieu pour sauver la population de Nice des horribles tortures de la soif, si pendant un siége elle était obligé de se renfermer dans la citadelle.

L'évêque et son clergé virent un miracle dans ce fait extraordinaire, et qui, en effet, devait à cette époque étonner singulièrement et échauffer l'imagination du *populaire*. Aujourd'hui même, convenons-en, quand un *chercheur de source* arrive à découvrir une nappe d'eau souterraine, nous sommes un peu tentés aussi de crier au prodige. Au commencement du XVIe siècle il était donc bien permis d'attribuer au *surnaturel* la découverte d'un puits sur une colline rocheuse et au milieu même d'un préau dans l'enceinte d'un château-fort.

Les hommes d'église et les moines du pays voyaient un miracle dans ce fait, avons-nous dit. Le paysan, fêté et choyé par le gouverneur, était hébergé au château avec tous les honneurs et tous les soins dûs au sauveur de la patrie et à un bienheureux qui pouvait devenir un grand saint. Les travaux de forage continuaient avec succès et l'approche de l'eau s'annonçait de plus en plus.

Bientôt la nouvelle se répandit sur toute la côte des Alpes maritimes et même au-delà du golfe de Gênes, que le château de Nice, déjà imprenable par ses fortifications, venait par un effet surnaturel d'être alimenté d'eau dont il manquait, une source miraculeuse ayant jailli tout à coup dans son enceinte.

On le voit, la renommée du miracle devançait le miracle lui-même, puisque le puits de la citadelle n'était pas encore creusé jusqu'au niveau de l'eau tant désiré.

Les ennemis de la Savoie et tous les convoiteurs de la possession de Nice s'alarmèrent au bruit de cette nouvelle. Désormais le château-fort des Niçois allait être dans des conditions voulues pour résister au plus long siége et commander, par son canon, à tout le littoral. Nice était sauvée et pouvait braver les voisins et même les attaques du roi de France, François Ier.

Comme les travaux d'excavation continuaient avec succès, un saint homme d'ermite arriva dans la ville de Nice et vint se loger dans une modeste hôtellerie qui avoisinait le quartier des pêcheurs. Il se disait habitant de la côte de Gênes et possédant un bien mince coin de terre aux environs d'Albenga, qui était alors le siége d'un évêché.

L'ermite avait fait vœu, disait-il, d'aller visiter les tombeaux des saints martyrs qui dans les temps primitifs avaient confessé la foi du Christ dans la cité de Cimiez et qui avaient été martyrisés sur cette terre bénie. L'ermite en accomplissant ce pélerinage à l'église du couvent célèbre, voisin de Nice, avait un but qu'il ne pouvait révéler à personne avant d'en avoir parlé à l'évêque du comté.

Dès le lendemain de son arrivée il se présenta aux portes du palais et se fit annoncer. L'évêque ordonna qu'on amenât devant lui ce pauvre pèlerin.

— A donc, qu'est-ce qui vous amène auprès de moi? demanda l'évêque.

— Monseigneur, répondit le pèlerin, je vais visiter les tombeaux des martyrs à Cimiez, mais la veille de mon départ, comme je sommeillais dans mon ermitage, une voix m'a parlé et m'a ordonné de m'arrêter à Nice et de vous prévenir que le *Malin* vous tend des embûches.

— Lesquelles? reprit l'évêque.

— On creuse un puits dans votre château-fort?

— Sans doute, un saint homme de paysan des environs a découvert une eau miraculeuse.

— Est-elle trouvée ?

— Non, mais les travailleurs affirment que la couche d'eau va être à découvert...

— Quand ? quel jour, Monseigneur ?

— Demain, peut-être.

— Oui, repartit l'ermite en souriant d'une étrange façon, demain est le jour du sabbat pour les juifs... l'eau pourrait bien jaillir ce jour-là.

— Le chercheur est un bon chrétien ; on l'honore comme un saint et un bienfaiteur de la ville.

— Un saint ? dit l'ermite en secouant la tête ; un saint qui creuse le puits du diable !

— Ah ! juste ciel ! s'écria le bon évêque.

Alors l'ermite, venu d'Albenga, se mit à lui raconter secrètement et à voix basse la vision qu'il avait eue dans la nuit qui avait précédé son départ et ce que lui avaient révélé des voix célestes au sujet du puits qu'on creusait sur la montagne.

D'après ce qu'avait révélé l'ermite, le bon paysan, chercheur de source, commençait, aux yeux de l'évêque, à n'être plus un bon chrétien. Au milieu du récit, ce brave homme n'était plus qu'un fou inspiré par le malin ; à la fin des révélations, le chercheur d'eau était un sorcier et de la pire espèce.

L'évêque assembla son chapitre. On ferma les portes et la conférence, devenue très-sérieuse, eut lieu à huis clos. Le chapitre dut certainement entendre de terribles révélations, car il fut décidé, séance tenante, qu'on prierait le gouverneur du château de se rendre immédiatement au sein de ce petit consistoire improvisé. Le seigneur Louis de Bellegarde se rendit à l'invitation. Quand il arriva dans la salle du chapitre, il était nuit close et on le reçut avec honneur, aux clartés des flambeaux.

La salle était bien gardée à l'extérieur. Le gouverneur, fort étonné, demanda des explications.

Ce fut un gros moine, archidiacre de l'église, qui fut chargé de les lui donner.

Certes, cet illustre *frater* n'avait pas perdu de temps, car, depuis deux heures environ, il avait eu le temps de composer toute une instruction criminelle et une superbe harangue, par laquelle il

était démontré, selon la théologie et les canons de
l'église, qu'un sorcier horrible, un suppôt de Satan,
était venu surprendre la bonne foi des chefs mili-
taires et ecclésiastiques qui commandaient à Nice
et que ce messager de l'enfer les avait déterminés
à faire creuser, au beau milieu du préau de la citadelle, un abîme d'où nécessairement devaient sortir,
soit un feu dévorant, le feu de Datan et d'Abiron,
soit une eau infernale qui devait répandre la peste
dans tout le pays.

A cette péroraison menaçante, épouvantable, tout
le chapitre se leva pour anathématiser le sorcier.
Mais quel ne fut pas l'étonnement de l'assemblée,
lorsqu'on vit et entendit le gouverneur, qui était
jeune et résolu, partant d'un grand éclat de rire.

L'orateur, le gros *frater*, faillit tomber d'une at-
taque d'apoplexie. Le chapitre se voila la face, mais
le digne évêque prit la parole et admonesta le seigneur Louis de Bellegarde.

— Non, reprit celui-ci, non, jamais plus grosse
plaisanterie n'est venue faire des siennes dans une
illustre assemblée. Qu'on me livre le saint ermite
et je me fais fort de lui faire avouer, au moyen
d'une petite application du *brodequin*, qu'il n'est
qu'un imposteur ou un satané drôle qui a voulu se
jouer du chapitre et de moi-même.

— Seigneur comte, reprit l'évêque, vous avez
l'esprit téméraire. L'ermite est un saint et le chercheur de source est un sorcier...

— Qu'il faudra brûler en place publique? ajouta
le comte de Bellegarde en riant toujours.

— Brûler et en jeter les cendres au vent! s'écria
le gros archidiacre.

— D'abord, vous, mon gros *frater*, repartit le
comte, faites-moi la grâce de vous taire et d'aller
souper.

— Vous êtes un impie, dit le moine exaspéré.

— Tenez, répliqua le gouverneur, ne m'échauffez
pas trop la bile, et ne m'obligez pas à appeler mes
gens d'armes pour vous faire enlever d'ici et vous

transporter au château, où je vous forcerai à boire
le vin du diable avec le sorcier.

L'évêque leva la séance en ajoutant :

— Le creusement du puits continuera, mais mon
chapitre et moi prendrons les précautions qu'exige
la prudence. Nous invoquerons Dieu par des prières
contre les maléfices, et si la prédiction du saint ermite se réalise, dès les premiers symptômes du mal,
le comte de Bellegarde s'engage à mettre aux fers
le sorcier et à le livrer au saint office.

— Soit, répliqua le comte, je le jure par mon
épée. Mais à quel signe reconnaîtrais-je que je fais
creuser le puits du *diable*?

— A quel signe? exclama le gros moine, l'orateur.

— Oui, mon révérend frère! que dit l'ermite?

— L'ermite a prédit, reprit celui-ci, que nécessairement on doit trouver à une certaine profondeur
une tête de bouc armée de ses cornes et que cette
tête n'est pas autre chose que la tête d'un démon
appelé *Gorgon*.

— Soit, et, de par Dieu, je le veux bien, répliqua
le comte, et comme les boucs ne vont pas souvent
brouter l'herbe à cinquante toises sous terre, je
m'engage, mon gros *frater noster*, à vous servir,
dans un plat d'or, l'illustre tête du bouc *Gorgon*
pour votre souper, accommodée au coulis de per-
dreaux et arrosée du meilleur vin de la côte. C'est
dit et juré.

— *Vade retro Satanas*, s'écria le gros moine es-
soufflé.

— Amen, dit le comte en sortant de la salle d'un
pas ferme et en faisant sonner ses grands éperons.

Le lendemain, les travaux du puits furent repris
de plus belle. Le gouverneur ne quittait pas les
travailleurs à qui il s'était bien gardé de dire un
mot de la scène de la veille. Quant au chercheur
de source, le bon paysan André Millo, c'était son
nom, il présidait tranquillement au forage en donnant des conseils et des encouragements aux ouvriers.

Parmi ceux-ci, il en était un, arrivé depuis la veille, à qui on n'avait pas refusé de prendre part aux travaux, à cause de sa bonne figure et de sa jeunesse. Il était étranger, natif du Tyrol, disait-il, et se montrant fort ennemi des Génois, il travaillait avec un entrain de bon augure et paraissait fort honnête garçon. Il fut désigné, sur sa demande, pour passer la nuit avec deux de ses camarades à veiller près du puits. Le gouverneur faisait faire bonne garde autour des travaux.

Le jour suivant le temps était à l'orage, mais le forage continua comme à l'ordinaire. Vers midi le tonnerre se mit à gronder avec fracas et des éclairs blafards sillonnaient les nuées, la mer était sombre mais calme et silencieuse. Tout à coup, on entendit des cris qui partaient du fond du puits, et l'on vit les ouvriers remonter en toute hâte par l'échelle de corde. L'un d'eux plus courageux que les autres, tenait par la corne une tête monstrueuse qu'il jeta avec épouvante aux pieds du gouverneur dès qu'il arriva à l'orifice du puits.

Le comte de Bellegarde, saisi d'un violent accès de colère, jura comme un payen et tirant l'épée il se mit à enfoncer la pointe de sa lame dans l'un des orbites du crâne maudit.

C'était une énorme tête de bouc, desséchée et armée de cornes immenses, qu'il avait devant lui. La foule accourut et des murmures s'élevèrent. Bientôt on vit arriver des bourgeois de la ville et parmi eux des moines, des sacristains et des abbés. Il était probable que des indiscrets avaient répandu dans la cité de Nice ce qui s'était passé l'avant-dernière nuit à l'assemblée du chapitre.

M. de Bellegarde avait ordonné à des piquiers de faire sortir tout ce monde de l'enceinte du château ; mais il n'était plus temps ; la foule grossissait de moment en moment malgré les menaces de l'orage, et l'évêque parut bientôt escorté de son clergé au milieu duquel se montrait triomphant le gros archidiacre.

— Le diable se mêle de l'affaire, dirent, au gouverneur, les officiers de la citadelle. L'archidiacre va pérorer et la tête de bouc sera exorcisée.

— Mille tonnerres, répliqua M. de Bellegarde, les travaux vont être interrompus et nous serons bien heureux si ces fanatiques imbéciles ne comblent pas le puits.

Mais le tumulte grandissait et les clameurs de la foule, que la frayeur gagnait, se mêlaient aux roulements du tonnerre. Tout à coup le silence se fit, le moine archidiacre prit la parole et expliqua à son auditoire le miracle très-menaçant qui venait de s'opérer, prédisant les plus grands malheurs pour la ville, si on continuait à *sonder* l'abîme au fond duquel on venait de trouver la tête du bouc Gorgon, un diable épouvantable, selon les paroles du saint ermite.

Il n'y avait plus à balancer, le gouverneur fit avancer des troupes et déclara à l'évêque, lui-même, qu'il allait faire arquebuser les premiers coquins qui feraient mine de vouloir combler le puits. La foule criait que non-seulement il fallait interrompre les travaux, mais qu'elle voulait encore qu'on livrât au saint office le mécréant chercheur de source, le sorcier André Millo, pour être *questionné*, jugé et condamné à être brulé vif.

— Nous y voilà donc ! s'écria le comte de Bellegarde. Ah ! ah ! mes bons amis, vous le prenez sur ce ton? Eh bien! nous allons voir à qui de nous restera le puits. Emportez la tête de Gorgon si elle vous plaît, quant à moi, je garde mon brave chercheur de source et pas un cheveux ne tombera de sa tête. Monseigneur, ajouta-il en s'adressant à l'évêque, il sera sage à vous d'emmener le clergé et de vous retirer dans votre palais épiscopal; cependant si vous voulez me laisser le gros archidiacre je vous promets d'en avoir grand soin.

La pluie commençait à tomber et l'orage éclatait de toute part. Rien ne calme une émeute comme une grosse ondée survenant tout à coup.

En moins de cinq minutes toute la foule avait disparu y compris l'évêque et sa suite. Le gouverneur resta maître de la place, il ordonna sur-le-champ qu'on brisât à coup de pioche la maudite tête du bouc Gorgon; mais quand on la chercha, il fut impossible de la retrouver. Le diable sans doute, l'avait emportée.

Les officiers de la citadelle et les soldats se mirent à rire aux éclats et toute la garnison regagna le château où, par les ordres du gouverneur, le vin et la bonne chère ne furent pas épargnés aux troupes et aux travailleurs. On remarqua que le jeune ouvrier tyrolien, arrivé l'avant-veille, avait disparu.

— Le coquin! s'écria le gouverneur, c'est lui qui est le compère de l'ermite et qui aura déposé au fond du puits la tête cornue. C'est lui qui l'aura emportée. Si on le retrouve qu'on me l'amène ! je lui dois le salaire de ses journées et je le payerai en bonne et belle monnaie.

Cependant le chercheur de sources, André Millo, avait jugé prudent de ne pas quitter la château. Il passait décidément pour un suppôt de Satan et la foule lui aurait fait un très-mauvais parti si elle l'avait trouvé dans la ville.

Le bruit de cette ténébreuse affaire avait couru tout le pays et malheureusement la petite maison de ferme d'André Millo, le chercheur d'eau, était située dans la vallée du Paillon. Ce brave homme avait laissé à sa *metairie* sa vieille mère et sa fille unique, une charmante enfant de dix-huit ans, nommé Martha, jolie comme un ange et sage comme une madone.

Voilà que deux jours après l'événement arrivé au château de Nice, de fanatiques coquins se rendirent dans la soirée à la ferme de Millo et qu'ils frappèrent rudement à la porte de la maisonnette, menaçant de mettre le feu au logis si l'on n'ouvrait pas. La pauvre vieille grand'mère de Martha était d'avis d'ouvrir; elle tremblait de tous ses nerfs, mais la jeune fille était vaillante et refusa d'obéir aux brigands. Comme on la menaçait avec des injures atroces, elle prit un parti énergique.

— Ma grand'mère, dit-elle à la vieille, mon père est en sureté chez le noble gouverneur du château; mais il ne peut nous secourir, n'étant pas averti du danger où nous nous trouvons. Ces misérables, qui assiégent la ferme, veulent nous tuer, ne pouvant tuer mon père; grand'mère, vous êtes bien avec le bon Dieu, voulez-vous aller au ciel? quant à moi plutôt que de tomber entre des mains infâmes je suis décidée à mourir. Mais avant de périr plus d'un brigand me précédera dans l'autre monde où Dieu nous jugera. Ma bonne mère, priez notre Seigneur et la Sainte-Vierge; moi je vais invoquer saint Michel et combattre contre ces fils de l'enfer.

— Ma fille, s'écria la vieille mère, embrasse-moi et mourons ensemble, que le seigneur Dieu, nous accorde le pardon pour le martyre!

Alors Martha n'hésita plus, elle saisit de ses mains nerveuses un chaudron d'eau bouillante suspendu au foyer de la cheminée, et montant à l'étage au dessus de la cuisine elle ouvrit la fenêtre qui dominait la porte d'entrée devant laquelle se trouvait le groupe des brigands, puis saisissant le chaudron elle versa une trombe d'eau bouillante sur ces assassins.

Quatre d'entre eux tombèrent mort, brûlés comme des damnés; les cinq ou six autres prirent la fuite en poussant des hurlements.

Mais le ciel qui protége l'innocence et qui certainement vient toujours en aide aux cœurs vaillants, le ciel avait inspiré le brave André Millo, qui fort inquiet pour sa fille et sa mère avait supplié le comte de Bellegarde d'envoyer des secours à sa ferme dans la vallée.

Le gouverneur avait dépêché vingt hommes d'armes des plus intrépides. Ceux-ci arrivaient justement au moment où les coquins de fanati-

ques, que Martha venait d'ébouillanter, fuyaient
sur le chemin de la ville ; ils les saisirent, les liè-
rent et poursuivirent leur route vers la ferme.
Quand ils arrivèrent ils trouvèrent quatre corps
étendus devant la porte, qui se tordaient dans les
dernières convulsions. Ils entrèrent dans la ferme,
la vieille mère priait Dieu devant une madone,
Martha mettait sur le feu un second chaudron
rempli d'eau.

Le jeune capitaine qui commandait les hommes
d'armes s'empressa de rassurer les deux femmes
et adressa à Martha les plus grands éloges sur sa
bravoure ; il était bien tenté de lui adresser des
éloges encore plus vifs sur sa beauté, mais le moment eût été mal choisi.

— Intrépide et sage Martha, lui dit-il, quittez
cette maison avec votre bonne grand'mère et vous
en venez avec nous au château de Nice où vous
trouverez votre père.

Il n'y avait pas de temps à perdre. Martha n'hésita pas à se placer en croupe sur le cheval du capitaine et la vieille mère fut portée sur le cheval
d'un des cavaliers. On ferma la maison en l'aban-
donnant à la garde de Dieu et on reprit le chemin
du château, trompettes sonnant et torches allumées.

Quand on arriva dans la ville, pas un drôle, pas
une drôlesse n'osa insulter le cortége et les plus
fougueux d'entre les révoltés contre le gouverneur
s'enfuirent dans leur logis.

Le capitaine et sa compagnie d'hommes d'armes
arrivèrent au château, toujours trompette en
tête.

C'était vraiment le moment de sonner des fan-
fares, car à leur entrée dans la grande cour de la
citadelle des cris de joie retentissaient de tous
côtés ; l'eau tant désirée, l'eau douce et en quelque
sorte miraculeuse, venait d'être trouvée au fond
du puits et l'heureux gouverneur, un grand hanap
à la main, montrait à tous cette eau bienfaisante,
remerciait Dieu de sa bonté et embrassait le brave

André Millo. Toute la garnison voulut le porter en triomphe.

Jugez de la joie de Martha et de la bonne grand-mère en arrivant dans ce moment-là, pour être témoins de cette fête. André Millo serra dans ses bras sa charmante fille et sa mère. Le gouverneur voulut les loger dans le plus bel appartement du château et il les reçut avec les honneurs destinés aux plus grandes dames.

Nous renonçons à décrire l'allégresse générale. Le château passa la nuit en fête et le lendemain un *te deum* d'actions de grâces fut chanté dans la chapelle de la citadelle. Monseigneur l'évêque accourut avec son chapitre et une grande foule de peuple. Le gros archidiacre honteux et confus resta chez lui. Quant au traître ermite, qui n'était qu'un émissaire des Génois pour ruiner l'entreprise du creusement du puits, il avait pris la fuite.

La chronique rapporte que le chercheur d'eau, André Millo, reçut une grosse somme donnée par la ville reconnaissante et par le duc de Savoie. Désormais le château de Nice devenant imprenable pouvait en cas de siége abriter toute la population. On pouvait braver Gênes la superbe et les Turcs mécréants.

La chronique ajoute que le jeune capitaine des hommes d'armes, qui avait amené en croupe la belle Martha, de la ferme au château, s'était épris éperdument de la beauté de la jeune fille. Il en voulut faire sa *dame* et il la demanda en mariage à son père et au comte de Bellegarde qui la lui accordèrent avec une dot fort honorable.

La source du puits n'a jamais tari depuis cette époque, et aujourd'hui encore au milieu des ruines du château, ce puits béni, faussement appelé le *puits du Diable*, donne encore une eau douce et abondante à ceux qui vont la puiser sur la colline qui domine le beau golfe de Nice.

FIN DU PUITS DU DIABLE.

LES 24 HEURES

D'UN

PROVINCIAL A PARIS. (1)

Nous tenons cette histoire anecdotique d'un homme dont la bonne foi ne peut être suspectée. Elle ne manque ni de gaieté ni d'originalité. Nous tâcherons de la raconter en nous inspirant de la verve de notre historien. Nous déguiserons le nom de notre héros sous celui d'Arnolphe.

Dans les premiers jours du mois de mai, c'est tout récent, Arnolphe arrivait de son département à Paris, dans l'intention bien arrêtée avec lui-même de vivre pendant deux mois de la vie la plus agréable possible.

Son budget, pour soixante jours de bonheur, s'élevait à la somme ronde de trois mille francs, fruit de ses économies à la campagne.

Arnolphe, consciencieux envers lui-même comme envers les autres, s'était logé dans un des meilleurs hôtels de la rue de Richelieu. Arrivé à minuit, il s'était mis au lit à deux heures du matin, en recommandant de l'éveiller à huit heures. Arnolphe dort peu, comme tout bon gentilhomme campagnard.

En faisant sa toilette, par une belle matinée de mai, il souriait au soleil qui rayonnait sur les ri-

---

(1) Ce n'est pas une satire contre la vie parisienne que l'auteur a prétendu écrire. L'exception confirme la règle, et les aventures qu'on va lire prouvent une fois de plus que si la vie, à Paris, est exposée à certains accidents, elle n'en est pas moins réputée, à juste titre, la vie la plus agréable du monde.

(Note de l'Auteur.)

deaux et aux projets ravissants, bleus et roses, qui voltigeaient autour de lui.

— Deux mois de liberté, disait-il, de plaisirs délicats, d'admirations de tout genre, de jouissances intellectuelles et même sensuelles.

Arnolphe était un peu épicurien.

— Paris est la ville du bon goût, de la politesse, des distinctions sans nombre, ajoutait-il. Et le chapitre de l'imprévu!... Ah! l'imprévu! Paris seul est le pays de ce mystérieux et spirituel imprévu qui jamais ne secoua ses ailes poudrées d'iris et d'or sur la province.

La phrase parut jolie à Arnolphe. Il la nota dans sa mémoire. Il avait bien raison.

Sa toilette achevée, notre gentilhomme se disposait à sortir, lorsqu'on vint le prévenir que madame de Boisflotté, la maîtresse de l'hôtel, le priait d'avoir la bonté de passer au bureau.

Arnolphe, fredonnant une ritournelle de vaudeville, descendit le grand escalier recouvert d'un onctueux tapis. Il entra au bureau avec une allure insouciante et cet air qui distinguent un homme heureux, vivant dans sa terre et de ses revenus. Madame de Boisflotté, femme de bon ton, assez forte, très-fraîche, parée de quarante printemps, le reçut avec ce sourire bienveillant et ce regard doux et fin qui distingue une hôtesse de haute volée.

— Monsieur, lui dit-elle, je suis désolée de retarder votre sortie, mais le règlement est formel. Je suis obligée avant tout de vous prier de me remettre votre passe port, qui me dira vos nom, prénoms et qualités.

— Madame, voici mon passe-port.

— Bien, monsieur. L'agent le prendra avec ceux d'autres voyageurs. On le remettra à Monsieur, demain, et visé.

— L'agent! dit Arnolphe. Visé? Un agent va s'occuper de moi, à peine débarqué, et on va me viser?

— Monsieur, reprit en souriant madame de Bois-flotté, une simple formalité de police.

— La police ? reprit Arnolphe. Mais je ne viens à Paris que pour mes plaisirs : c'est un voyage d'agrément.

— Raison de plus pour que monsieur n'hésite pas à montrer ses papiers.

— Oui, madame, les voici. La police saura que je viens ici pour m'amuser.

— Elle en sera ravie, Monsieur.

— A propos, madame, nous n'avons rien dit au sujet du prix de mon appartement.

— Monsieur le retient-il au mois? dans ce cas-là, c'est deux cent cinquante francs pour trente jours, en admettant que monsieur mangera à l'hô-tel, une table d'hôte excellente ; trois francs le dé-jeuner, six francs le dîner.

— Madame, je ne viens pas à Paris pour me mettre au couvent. Je mangerai où bon me sem-blera et je prends l'appartement à la journée.

— Alors, Monsieur, ce sera quinze francs par jour.

— Ce qui ferait quatre cent cinquante francs par mois. C'est cher, madame, pour un si petit appartement.

— Monsieur est plus grandement logé en pro-vince sans doute, dit madame de Boisflotté avec un sourire du coin de la bouche.

— Oui, madame.

— Et beaucoup mieux logé? des meubles plus frais. :

— Oui, madame.

— C'est impossible, monsieur.

— J'en ai donc menti !

— Non, mais monsieur se fait illusion sur son... château.

— Mon château !... Oui. madame, j'ai un châ-teau.

— Et monsieur se récrie sur un appartement comme celui-ci à quatre cents francs par mois!

Allons donc, monsieur! ou bien alors, quand on n'est pas riche...

— On ne loge pas chez vous. Eh bien! madame, j'y logerai, et je paye d'avance. Voici mes quinze francs pour aujourd'hui. Demain, j'en donnerai autant.

— Et le service, monsieur? c'est deux francs.

— Ah! les voici.

— Et la bougie et le feu?

— Ah! ah! c'est juste, à moins qu'on ne veuille louer un gîte pour n'y voir goutte. Combien la chandelle et la bûche, madame?

— Cinq francs, monsieur! articula madame de Boisflotté, dont les belles dents blanches claquèrent de colère. Chandelle! murmura-t-elle.

— Bien, reprit Arnolphe, très-décidé à tout. Voici sept francs. Nous disons donc vingt-deux francs par jour; ce qui fait pour un mois, six cent soixante francs. Pour un trou, c'est un peu cher.

Madame de Boisflotté faillit avoir un coup de sang. Elle tomba tout d'une pièce sur son canapé. Arnolphe profita de l'occasion pour sortir de l'hôtel.

— Le chien! dit l'hôtesse, à qui la colère rendait la parole.

— On prétend que Paris est toujours la ville de la politesse, reprenait Arnolphe en longeant le trottoir de la rue de Richelieu. C'est singulier, ajoutait-il, à peine arrivé dans cette ville que je n'ai pas revue depuis douze ans, avant même d'avoir mis le pied dans la rue, je reçois des impertinences et je vois ma bourse écorchée. Bon début! mais trêve de mauvais présages. Je prétends et je veux que mon voyage à Paris ne soit qu'un voyage d'agrément.

Vouloir, c'est pouvoir. Ces diables de gentilshommes terriers, qui habitent leur province et qui viennent à Paris tous les cinq ou six ans, ont de terribles entêtements. Arnolphe avait ce qu'on appelle, en jargon d'atelier, une *tocade*; il s'était fourré dans la tête une idée fixe, elle tenait comme un clou; il n'avait cessé de répéter avec tous ses voisins de province : *Paris est une ville de délices,* et cette phrase stéréotypée le poursuivait partout.

Le temps était magnifique, et le boulevard, ce jour-là, à neuf heures du matin, présentait le spectacle le plus ravissant. Les boutiques étincelaient au soleil, et les passants nombreux trottaient sur l'asphalte avec une gaieté épanouie. Arnolphe, heureux, voyait tout en beau à travers le prisme de ses folles illusions. Quand il eut bien rassasié ses yeux de l'aspect du bonheur public, il pensa à son bonheur privé, et résolut de se donner le meilleur et le plus agréable déjeuner. Lucullus s'invitait chez Lucullus.

Après quelques hésitations qui avaient bien elles-mêmes leurs charmes, il se décida à entrer dans un café renommé.

— Diable! dit-il, un domestique en livrée qui m'ouvre la porte du restaurant! c'est une élégante innovation. Notre époque de luxe ne manque pas de bon goût.

A peine assis devant une table couverte d'une nappe damassée et des plus beaux cristaux, deux garçons vinrent lui présenter un livre relié en maroquin rouge et doré sur tranche : c'était la carte; et ces deux aimables *garçons,* chacun de son côté, se mirent à lui poser des questions dans le genre et le style de celles-ci :

— Monsieur mangera-t-il des huîtres?

— Quel vin boira monsieur?

— Monsieur veut-il qu'on lui serve un saumon sauce-remoulade?

— Monsieur veut-il de la volaille aux truffes?

— Monsieur désire-t-il des petits pois primeurs?

— Si monsieur demandait du homard à la sauce *monsieur le Prince?*

— Monsieur veut-il commander une bombe glacée?

— Monsieur désire peut-être du jambon de sanglier à la gelée de groseille de Bar?

— Monsieur ne veut-il pas un caneton rôti ?

— Si monsieur pour *son* dessert désirait du raisin conservé ou des tranches d'ananas à la gelée au marasquin ?

— Quel vin boira monsieur? Chambertin, Clos-Vougeot, Branne-Mouton, Champagne frappé ?

Etourdi par l'écho de droite, assourdi par l'écho de gauche, Arnolphe restait comme anéanti sous la grêle de questions provoquantes qui lui tombaient sur la tête.

— Mais, s'écria-t-il, c'est un énorme dîner que vous me proposez là! je veux déjeuner comme déjeune un homme qui a sa raison et un estomac ordinaire. Donnez-moi un beefsteack.

— A la Châteaubriand ?

— Au bœuf, dit Arnolphe.

— Aux truffes, aux pointes d'asperges, aux éminés d'anchois.

— Aux pommes de terre, dit Arnolphe, un peu durement.

— Bien, monsieur. Quel vin ?

— Vin de Bordeaux, Saint-Julien.

— Première ?

— Si vous voulez.

— Et pas d'huîtres ?

— Si vous voulez.

— D'Ostende ? de Marennes ?

— Des huîtres de l'Océan que vous vous voudrez, dit Arnolphe oppressé.

— Très-bien, monsieur. Monsieur prend de l'eau de Seltz et de la glace?

— Je prendrai ce que vous me donnerez, répondit Arnolphe qui tombait dans une résignation triste. Mais pour Dieu ne me proposez pas l'univers et donnez-moi quelque chose, j'ai faim.

On servit à Arnolphe un déjeuner succulent dont le menu avait été composé par le maître de l'établissement qui heureusement était venu en aide, et était parvenu à deviner ses goûts probablement sur sa physionomie.

— Voilà un déjeuner délicat et substantiel, se dit notre convive en demandant la carte à payer.

— On lui apporta l'*addition*, expression bourgeoise et *boursière* adoptée depuis quelques années. Ô décadence !

Arnolphe prit la carte du bout des doigts, il jeta sur elle un coup d'œil distrait ; l'écriture était à peine formée ; la main blanche qui avait tenu la plume était si légère ! Arnolphe vit un cinq suivi de plusieurs centimes :

— Oh ! Paris ! dit-il, pays des merveilles ! déjeuner ainsi pour cent sous !

Il paya, il crut payer au moyen d'un gros écu, accompagné d'une petite pièce blanche. Le malheureux ! le garçon reçut la somme sans y regarder et la porta au comptoir. Une reine ravissante y trônait. Mais, ô déception amère ! quel coup d'œil de dédain partit du comptoir et vint atteindre Arnolphe en plein visage, au lieu du sourire qu'il attendait.

Le garçon reprit la carte à payer, et la rapporta au convive occupé à se laver les doigts dans un bol. Il jeta sur elle des regards étonnés. Un petit gredin de chiffre 3, pâle comme un spectre, dessinait sa silhouette maigre devant le gros chiffre 5... ce qui sextuplait la somme, ou, si l'on veut, l'*addition*, le total, le montant, la dette, la créance, le prix d'un lourd péché de gourmandise.

— Corbleu ! se dit Arnolphe, dans mon château, j'aurais aussi bien déjeuné pour trois francs.

Il ajouta trente francs à l'*addition*, donna un franc pour boire au garçon, qui lui lança un regard d'hydrophobe, prit lui-même son chapeau, oublia de donner en sortant un autre pourboire au laquais en livrée qui lui ouvrit la porte, qui ne le salua pas et qui faillit lui jeter cette porte sur le dos en la refermant, et il s'élança sur l'asphalte du boulevard.

— C'est cher ! répétait-il. La femme du comptoir a de bien beaux yeux, ses mains sont admirables, mais ses doigts effilés dessinent de cruels chiffres. Tudieu! n'importe, Paris, j'en suis sûr, est encore une ville de délices. Ah! l'argent! N'y pensons plus. Je suis gourmand : c'est un vice qu'il faut expier. Dame!

Arnolphe entra dans un café pour précipiter son désenchantement et sa digestion par un moka brûlant. Les garçons aujourd'hui, à Paris, disent moka pour café, et cognac pour eau-de-vie. O suprême élegance de mon époque!

On servit à Arnolphe un moka première en faisant déborder la liqueur dans la soucoupe. C'est une manière de laver le fond extérieur de la tasse s'il est sale; c'est une attention probablement. On versa dans le petit verre d'Arnolphe un cognac extra-fin, et de manière aussi à donner un bain de pied au cristal. C'est distingué! c'est charmant! On lui apporta des cigares *réservés*, et avec raison, ma foi! mais pas assez réservés, puisqu'on les donnait à fumer.

— Ce doit être du chou, dit notre ami. Garçon, donnez-moi des cigares non réservés et qui n'aient pas passé huit jours dans la Seine.

Cette boutade fut accueillie par un éclat de rire général. Arnolphe crut à un succès.

— On a de l'esprit à Paris, dit-il, on comprend tout.

Un monsieur en habit noir s'approche de lui d'un air poli, mais sérieux.

— Monsieur, lui dit-il, mon établissement est connu par ses excellentes fournitures; je ne livre aux consommateurs que des consommations de *première qualité*.

Arnolphe, un peu honteux, se mit à allumer un cigare qu'il trouva détestable et qu'il continua à fumer héroïquement pour ne pas avoir l'air d'un diffamateur.

— On est très-susceptible à Paris, se disait-il en humant son chou, parce qu'on y a beaucoup de délicatesse probablement. Je contiendrai ma verve

caustique. Ce cigare n'est pas bon, mais il devrait
l'être, et je ne veux blesser personne.

Au bout d'un quart d'heure, Arnolphe vit entrer
au café un de ces *lions* à tous crins, qui vivent à
Paris d'une certaine existence luxueuse et problé-
matique qu'aucun mythographe n'expliquera jamais. Le nouveau venu était parfaitement mis; il
était doué de cet air effronté qui, dans les lieux
publics, donne une sorte d'autorité. Le *quidam*
alla se placer à une table vis-à-vis de celle d'Arnolphe. Il demanda du punch glacé et braqua sur
son nez un double lorgnon. Mais à peine installé,
notre *lion* lança un *Ah!* exclamatif, se leva brusquement et vint droit à Arnolphe la main ouverte.

— Comment, c'est vous? quelle bonne fortune!
et depuis quand à Paris?...

Arnolphe crut devoir demander à son ami à qui
il avait l'honneur de parler.

— Ah! pardieu! vous avez raison, reprit le lion.
Quand je vous rencontrai l'année dernière aux
bains des Pyrénées j'avais la barbe rasée comme
un sous-préfet ; aujourd'hui me voilà à tous crins.
Vous souvenez-vous de la jolie princesse russe qui
chassait l'isard avec nous dans les montagnes de
Bigorre? Je crois que vous lui avez sauvé la vie
en arrêtant son cheval sur un versant. Oh! elle
s'en souvient. Ah! ah! on ne sait pas; une veuve,
jeune, riche, jolie, romanesque... Tenez, c'est
demain son jour; vous viendrez à son thé, n'est-ce
pas?

Arnolphe avait retrouvé ses souvenirs et une
illusion qu'il croyait perdue dans les vallées de la
montagne. Son ami se nommait le baron de Villepoix.

— Cher baron, lui dit-il, soyez le bienvenu et
prenons du punch.

— Oui, à la glace, frappé comme du vin d'Aï.
C'est un tonique admirable. Chez la princesse
russe on ne boit que cela.

Au bout de cinq minutes, M. le baron de Villepoix adressa cette singulière question à son ami :

— Cher Arnolphe, êtes-vous toujours riche ? Vous avez des terres, des châteaux ?

— J'ai de quoi vivre, mon cher baron, répondit celui-ci.

— De quoi vivre ! mais on vit toujours. Ce qu'il faut avoir, c'est le superflu. Moi qui vous parle, je ne sais trop comment employer mon argent.

— Achetez des terres.

— Non pas, tant qu'il y aura des inondations, des orages dévastateurs, des froids rigoureux au printemps, des légumes malades, des vignes atteintes de paralysie, je garderai mes capitaux.

— Achetez de la rente.

— Non pas. Cinquante centimes de hausse, soixante centimes de baisse ; c'est écœurant. Autant vaut jouer à la poupée ou au jeu de l'oie.

— Achetez des actions.

— Encore ! Pour les voir se fondre au soleil.

— Ma foi, mangez vos capitaux.

— Sardanapale que vous êtes ! On finit un jour par un coup de pistolet. Je ne sais que faire de mes fonds, cela est vrai, mais j'ai une idée.

— Une idée aujourd'hui vaut un million.

— Juste. Me l'achetez-vous à ce prix ?

— Que feriez-vous de mon argent ? vous ne savez comment employer vos capitaux.

— Méchant ! dit M. de Villepoix en lui coulant un regard narquois. Mais à propos, reprit-il, si j'ai une idée, il faut convenir que j'ai de fameuses distractions.

Et M. le baron tâtait ses poches en riant aux éclats.

— Qu'avez-vous ? dit Arnolphe.

— Oh ! rien. C'est trop plaisant.

— Mais encore...

— Figurez-vous, cher ami, que je me suis chargé de louer pour ce soir une loge à l'Opéra ; la Rosati et la Ferraris dansent dans le même ballet ; figurez-vous que je me suis fait le ban-

quier de notre charmante princesse russe et de
deux femmes de ses amies, deux beautés étourdissantes, et que je suis sorti de chez moi en ou-
bliant quinze louis dans un gilet que je venais de
quitter. J'ai la manie de changer de gilet. Le
plaisant de l'aventure c'est que je loge à Auteuil,
que j'ai renvoyé ma voiture et que me voici aux
antipodes sans le sou, absolument comme un petit
cordelier quêtant pour son couvent. Il ne me
manque que la besace.

Et les éclats de rire du baron de Villepoix de-
vinrent si francs qu'ils provoquèrent les éclats de
rire d'Arnolphe.

— Oui, dit celui-ci, c'est drôle, et j'aime assez
le petit cordelier et sa besace.

— Certainement, reprit le baron. Heureusement, je vous ai rencontré; vous allez me prêter
sept ou huit louis et je vais louer la loge pour ces
dames en vous comprenant pour une place. Quelle
soirée! les trois plus jolies femmes de Paris, et nous
deux pour les protéger, hein ?..

— Parbleu! dit Arnolphe, pour ma première
soirée, ce n'est pas mal débuter. Voici dix louis.

Et le baron reçut les dix pièces d'or, sans les
compter, sans même les regarder, et il les coula
dans sa poche. On but gaiement, on discuta bien
des questions d'une charmante philosophie, et on
tomba d'accord sur ce point, à savoir que Paris
était la seule ville du monde où l'existence se
complétait de toutes les jouissances. Variante : une
ville de délices.

— Restez ici un quart d'heure encore, cher ami,
dit le baron en se levant. Je cours louer la loge,
et je vous adresse par un commissionnaire le numéro qu'il faudra demander en entrant. A ce soir.

Il sortit en riant encore de sa distraction et de
sa propre ressemblance avec un petit cordelier.
Arnolphe le suivait des yeux et se disait à part
lui :

— Quel aimable compagnon! ma bonne étoile

mo l'a amené. Oh! quand je le disais! la ravissante chose que l'imprévu! on ne le trouve qu'à Paris.

Un quart d'heure après, un commissionnaire remettait à notre heureux gentilhomme un mot écrit au crayon : « Demandez le numéro 20, premier rang. »

— C'est entendu, dit Arnolphe, et il quitta le café pour faire des courses, prenant à l'heure une voiture de remise qui passait.

Sa première visite devait être pour un ami de cœur, un ancien camarade de jeunesse qui ne lui avait pas écrit depuis près d'un an et qu'il se faisait une fête de surprendre dans son élégant appartement du quartier Saint-Honoré. Ce charmant ami avait nom le vicomte de Montclair.

Arrivé à la porte de la maison, Arnolphe entra résolûment et sans adresser un mot au concierge, car celui-ci se hâta de lui dire le premier en le saluant avec une sorte d'amabilité respectueuse :

— Montez, monsieur, au second. Tout le monde est déjà réuni. On attendait monsieur.

— On m'attendait? se demandait Arnolphe en grimpant l'escalier. Tout le monde est réuni!

Ce cher Montclair donne un déjeuner de garçon, j'en suis sûr. Ah! si j'avais su!...

Arrivé au second étage, il trouva la porte ouverte à deux battants et il vit d'un coup d'œil près de trente personnes dans l'appartement, des hommes seulement, mais de tout âge. Dès qu'il parut, ce fut un empressement inouï autour de lui; chacun venait lui serrer la main, et Arnolphe ne reconnaissait pas un seul de ces visages si sympathiques. Enfin, un homme d'une belle et bonne physionomie lui dit avec une bienveillance exquise :

— Votre arrivée, monsieur, nous tire d'un grand embarras en même temps qu'elle nous prouve votre excellent cœur. Vous voilà; tout est pour le mieux, bien que cette cérémonie soit triste pour nous tous et pour vous en particulier. Allons, monsieur, donnez vos ordres, c'est vous qui de droit conduisez le deuil...

— Ah! mon Dieu! s'écria Arnolphe.

Et il pâlit et se laissa couler sur un fauteuil. Chacun s'empressa autour de lui. On lui fit respirer des sels. Quand il eut repris ses esprits, il put entendre des propos bien flatteurs à son adresse :

— L'excellent cœur!

— L'intéressant et digne jeune homme!

— Il paraît bien distingué!

— Oh! j'ai entendu cent fois faire de lui le plus grand éloge.

Arnolphe comprit qu'il était temps de mettre fin à ces louanges. Les yeux humides, le cœur navré, il se leva, et, acceptant la mission qu'on lui donnait, voulant d'ailleurs honorer par cet acte de dévouement la mémoire de son cher et pauvre ami, Arnolphe s'arma d'énergie et dit à l'assistance :

— Allons, messieurs, je suis à vos ordres. J'arrive sans avoir eu le temps de prendre un costume plus sévère...

— Sans doute, sans doute, dit le monsieur respectable qui lui avait déjà adressé la parole ; mais le manteau de deuil, le manteau d'usage suppléera à tout, et le voici.

On jeta sur les épaules d'Arnolphe un petit manteau court, d'un drap fin et du plus beau noir. Par une attention délicate, un des assistants prit la peine d'entourer son chapeau d'un crêpe ; en sorte que cet excellent Arnolphe se trouva en tenue de rigueur pour se mettre à la tête du cortége.

Un corbillard très-empanaché, et sur lequel le corps était déjà déposé, attendait à une seconde porte de la maison donnant sur une autre rue, ce qui expliqua à Arnolphe comment il n'avait rien vu qui ressemblât à des apprêts funèbres en entrant chez son ami. Six voitures de deuil, ayant de gros cochers vêtus de noir et galonnés d'argent, étaient à la suite du corbillard ; mais chacun voufut suivre le corps à pied, et Arnolphe donnant l'exemple, le chapeau à la main, prit la tête du cortége, escorté de deux personnages sérieux. On arriva à l'église Saint-Roch, où le service funèbre ne tarda pas à commencer. Notre affligé gentilhomme eut les honneurs du fauteuil du milieu, placé en face d'un très-beau catafalque tout étincelant de cierges. Pendant l'office, Arnolphe essuya bien des larmes. Il avait un excellent cœur; dans sa douleur il remerciait le ciel de lui avoir accordé la triste consolation de rendre les derniers devoirs à son pauvre ami.

Mais voici qui tient du prodige et qui rentre dans la catégorie des faits terribles. Dans un moment de calme, Arnolphe jeta les yeux autour du chœur, et quel ne fut pas son étonnement ou plutôt sa stupéfaction, lorsqu'il reconnut au nombre des assistants, placé près de la grille d'entrée, le visage et toute la personne vivante de M. le vicomte de Montclair, son ami, le mort lui-même dont on faisait les obsèques en ce moment? Arnolphe crut à une hallucination. Mais le fantôme, le spectre, loin de s'évanouir se mit à le saluer de la tête et de la main de la façon la plus amicale.

A cette provocation venue de l'autre monde, Arnolphe faillit devenir fou et comme il perdait contenance, son voisin de droite lui dit :

— Je crois, monsieur, que vous êtes souffrant; vous devriez passer dans la sacristie. Ne présumez pas trop de vos forces, et, si vous le trouvez bon, je m'offre pour vous suppléer et conduire le deuil.

Arnolphe accepta. Il remercia par un signe de tête et il se hâta de quitter le chœur, se dirigeant vers la sacristie. Il sentait qu'il allait se trouver mal. On s'empressa de le conduire et de lui porter secours; mais arrivé à la sacristie, il demanda à rester seul et il s'assit dans un grand fauteuil de cuir Là, il cherchait à reprendre sa raison qui galopait dans la région des extravagances, lorsque tout à coup quelqu'un lui prit la main. Arnolphe jeta un cri : il se trouvait face à face du mort, son ami!

— Ah! mon cher Arnolphe, lui dit amicalement le spectre, quelle sensibilité! Et moi qui ne te savais pas à Paris!... Tu étais donc parent, et tu hérites?...

— Mais toi, s'écria Arnolphe en saisissant les bras du fantôme, mais toi, comment es-tu là?... ou plutôt qui es-tu?

— Serait-il devenu fou? dit avec anxiété le vicomte de Montclair. Arnolphe, c'est moi, ton ami Montclair, qui, comme tant d'autres, suis venu à l'enterrement de la vieille baronne de Schwartz-Lutzen-Graëtz, chanoinesse allemande et ta parente.

— Une vieille chanoinesse allemande, ma parente! s'écria Arnolphe.

— Puisque tu conduis son deuil en qualité d'héritier.

— Moi! et c'est une vieille fille qui est dans cette bière, sur ce catafalque, et dont moi, Arnolphe, je conduis le deuil? Ce n'est pas toi qui est le mort?

— Jour de Dieu! s'écria le vicomte, perds-tu l'esprit?

— Mais n'est-ce pas à ton domicile et dans ton propre appartement que j'ai trouvé cette bière et cette foule d'amis?

— Dans mon ancien logement, cher ami, que j'avais cédé depuis six mois à la chanoinesse, baronne de Schwartz-Lutzen-Graëtz, qui s'est laissé mourir à soixante-quinze ans.

— Ah! viens dans mes bras! s'écria Arnolphe, et dépouille-moi bien vite de ce manteau funèbre! arrache ce crêpe de mon chapeau et fuyons à toutes jambes. Cinq minutes de plus ici, et j'y mourrais de honte, de désespoir, sans compter que je pourrais bien passer pour un fripon. Je n'ai de ma vie vu ni connu cette baronne de Schwartz-Lutzen-

Graëtz que j'allais enterrer et qui m'a fait verser des larmes ridicules. Fuyons, cher ami, et que la vieille fille se fasse porter au cimetière par qui elle voudra.

M. de Montclair eut toutes les peines du monde à étouffer de violents éclats de rire. Arnolphe jeta loin de lui crêpe et manteau. Il se sauva de la sacristie comme s'il venait de voler un vase sacré et, suivi de Montclair, il sortit de l'église par la porte latérale ; il gagna la rue Saint-Roch et s'élança dans la première voiture de place qu'il rencontra. Son ami grimpa en carrosse après lui, et cette fois il put donner un libre cours à son accès d'hilarité.

— Cocher, s'écria Arnolphe, à la barrière de l'Etoile, à Saint-Cloud, à Versailles, si vous voulez ; mais grand train. Allez toujours. Je vous donnerai cent sous pour boire.

La voiture partit à fond de train dans la direction des Champs-Elysées.

Arnolphe était venu chercher à Paris de l'imprévu. Il en trouvait, j'espère, et du plus fin et du plus rare dans cette ville de délices, le but tant désiré de son voyage d'agrément.

Arrivé à la hauteur de la barrière de l'Etoile, le cocher eut un mouvement de curiosité bien légitime. Il arrêta ses chevaux, il descendit de son siége, il ouvrit la portière et adressa cette question à ses voyageurs :

— Ces messieurs me trouveraient-ils indiscret si je leur demandais où nous allons d'un si bon train !

— Tiens? dit Montclair, il a raison, ce cocher. Où allons-nous, Arnolphe?

— Tout droit, reprit celui-ci en jetant en arrière de la voiture un regard inquiet, toujours tout droit et au galop. Cent sous de pour boire.

Montclair se prit à rire de plus belle en pensant qu'Arnolphe avait une peur du diable d'être poursuivi par le corbillard de la chanoinesse.

— Tu ris ? s'écria Arnolphe. Cocher, reprit-il, allez toujours.

— Mais, monsieur, dit le cocher en se grattant l'oreille, ce chemin-là ne finit qu'en Bretagne.

— Et bien ! reprit Montclair en riant toujours, menez-nous à Nanterre, c'est tout droit par Neuilly.

— Justement, ajouta le cocher en souriant, je crois qu'on couronne aujourd'hui la rosière.

Il regrimpa sur son siége et fouetta ses chevaux.

— Eh ! eh ! répétait Montclair, la rosière ? c'est une fameuse compensation que te donne là la fortune, Arnolphe.

— Saprebleu ! elle me la devait bien ! ajouta celui-ci.

Aujourd'hui, tout le monde va à Nanterre par le chemin de fer de Saint-Germain, en quittant le convoi à la station. Il parut piquant à M. Montclair d'arriver à la cérémonie de la rosière en carrosse, par l'ancienne route : cela avait un certain parfum de dix-huitième siècle, époque des marquis et des droits du seigneur.

— Pourvu qu'elle soit jolie, répétait Montclair.

— Qui ? demanda Arnolphe, toujours horriblement préoccupé.

— Qui ? Et parbleu la jeune vertu que nous allons couronner. Est-ce que tu es encore poursuivi par ta chanoinesse ?

— Laisse-moi tranquille, répondit Arnolphe ; ne me remets pas dans le chemin de ce cauchemar.

— N'en parlons plus, ajouta Montclair, et cueillons des roses. Nous sommes dans leur pays natal. A Nanterre il ne pousse que des boutons de rose ; tu y planterais des cerises que tu verrais à la place s'élever des rosiers fleuris. La raison de cela est très-simple : Nanterre est la terre classi-

que de la vertu. Chaque année, depuis Pharamond, le maire et le curé sont excessivement em-
barrassés pour décider à quelle jeune fille du pays
(elles sont toutes charmantes) ils donneront la
couronne.

— Vrai! dit Arnolphe en souriant pour la première fois.

— Tu en jugeras.

— Sais-tu l'idée qui me passe par la tête?
Faisons une belle action, et qui nous couvrira de
gloire : donnons un riche cadeau à la rosière; une
dot de cent écus à nous deux.

— Eh! comme tu y vas, reprit Montclair. Peste!
attends de l'avoir vue.

— Puisqu'elle est vertueuse et ravissante ; puisqu'à Nanterre, depuis Pharamond...

— Sans doute, sans doute, ajouta Montclair;
mais si depuis Pharamond tous les curieux de
Paris apportaient cent écus de dot aux rosières
de Nanterre, ce pays-ci serait la capitale de l'Europe. Et puis, cher ami, il faut que je te prévienne
d'une chose : à Nanterre, les mœurs sont rigides.
Il y a toujours un maire, un curé qui ne permet-
tent pas qu'on offre même une orange aux rosières qui sont sous leur garde. Figure-toi deux
dragons ailés veillant sur les Hespérides.

— C'est comme cela depuis Pharamond?

— Et bien avant lui! ajouta cet imperturbable
Montclair.

— Alors, je garde mes écus.

— Tu feras bien.
Tout en causant ainsi, les deux amis arrivèrent
à Nanterre, et la voiture s'arrêta sur la place de la
Mairie. Dans ce moment-là, précisément, avait
lieu la cérémonie du couronnement. Le conseil
municipal, le maire, le curé et les notables de
l'endroit occupaient l'estrade d'honneur dans
la *grand' salle* de l'Hôtel de ville, et la foule des
habitants se pressait autour de ses magistrats.
Quinze jeunes filles vêtues de blanc avaient con-

couru pour le prix de vertu. La rosière avait été
élue à une majorité de voix très-respectable. Pla-
cée au milieu de ses compagnes sur le banc
d'honneur, elle trônait comme la reine de la fête.
L'auditoire était nombreux et très-agité. Catherine était fille d'un des plus riches bourgeois du
pays.

Arnolphe et Montclair arrivèrent justement au
moment où l'un des conseillers municipaux de
l'endroit, homme érudit et passablement frotté de
latin macaronique, prononçait un discours en trois
points. Depuis une demi-heure, il tenait son auditoire en haleine, en lui lisant, d'une voix de
chantre, la chronique légendaire de la rosière de
Nanterre, depuis sainte Geneviève jusqu'à nos
jours. L'auditoire commençait à suer sous cette
pression de comparaisons odorantes, et même
quelques voix impertinentes avaient déjà lancé
quelques paroles telles que celles-ci : « C'est assez !
est-ce fini ? » lorsque tout à coup le président de
la séance se leva et cria aux gens qui obstruaient
la porte :

— Laissez donc passer messieurs les membres
de la Société des sciences morales que nous atten-
dions et qui nous sont délégués par leur illustre
compagnie.

Arnolphe et Montclair étaient désignés. Il n'y
avait plus moyen de reculer. La foule s'ouvrit
devant eux, et les voilà s'avançant vers l'estrade
où ils furent reçus à bras ouverts par l'aréopage.
On leur fit les honneurs de deux fauteuils. L'orateur avait remis son rouleau de papier dans sa
poche en maudissant les deux délégués. M. le
maire annonça qu'on allait procéder au couronnement de la rosière. En effet, la vierge Catherine,
escortée de deux de ses amies, beaucoup moins
rustiques qu'elle, monta sur l'estrade, et M. le
maire posa sur cette tête charmante une belle couronne de roses blanches. De vigoureux applaudis-
sements sillonnés de quelques sifflets aigus, écla-

tèrent dans la salle. La séance était terminée; la foule houleuse se roula vers les portes de sortie, et la musique qui attendait en dehors se mit à la tête du cortége. La rosière, entourée de sa cour, fut amenée en triomphe à travers les plus belles rues de Nanterre jusqu'au champ de fête où devaient avoir lieu les danses et les jeux. Ne perdons pas de vue Arnolphe et Montclair qui, en qualité de délégués de la Société des sciences morales, avaient dans le cortége les honneurs du premier rang, côte à côte avec M. le maire et les autorités municipales.

Au champ de fête, la scène changeait complétement; les jeux, les ris et les amours étaient maîtres du terrain; on dansait, on valsait, on chantait, on buvait comme aux noces de Gamache. M. le maire, heureux du bonheur de ses administrés, faisait remarquer à MM. les délégués avec quel ordre et quelle allégresse naïve la population de Nanterre célébrait sa fête annuelle et de prédilection, fête unique en Europe et renommée dans le monde entier. MM. les délégués s'extasiaient sur l'admirable prévoyance et la douce autorité de M. le maire, en même temps que l'urbanité exquise de ses administrés, lorsqu'en cet instant une bande de frénétiques se rua sur la foule, qui se mit à pousser des cris de paon, et bouscula, blessa et renversa plusieurs membres du conseil municipal; le marie lui-même disparut dans la tempête, et MM. les délégués, horriblement foulés et contusionnés, se trouvèrent transportés comme par enchantement au bord d'un fossé, au bout du champ de fête.

— Que diable est donc ceci? dit Arnolphe à son ami, en essuyant quelques gouttes de sang qui coulaient de son nez.

— Comment, reprit Montclair en cherchant à raccommoder, au moyen d'une épingle, une déchirure faite à sa redingote, comment? tu ne comprends pas?

— Non. Mais j'ai reçu un fier coup de coude, ou un rude coup de poing sur le nez.

— Eh bien ! reprit en chantant cet impitoyable Montclair :

> Vivent, vivent les mœurs des champs,
> Les bois, les ruisseaux, les ombrages,
> On ne trouve qu'au village
> Grâce naïve et plaisirs innocents.

C'est M. Scribe qui a dit cela, et tu vois qu'il a fièrement raison.

— Tout cela ne m'apprend rien de nouveau, dit le blessé.

— Tu ne comprends pas ? répéta Montclair en continuant à panser la déchirure de sa redingote, soit. Voici l'explication de l'incident imprévu. Dans ce beau pays de Nanterre où les roses poussent sans culture, où les rosières naissent par douzaines chaque année, belles et pures...

— Auras-tu bientôt fini ? demanda Arnolphe. Dis-moi la cause de cette échauffourée, et sois bref.

— Tu sauras donc qu'à chaque couronnement de rosière dans ce pays-ci, il y a deux partis en présence : le parti de la vertu et le parti de la beauté. Le parti de la vertu se compose de gens jeunes et vieux, qui sont amis du pouvoir municipal et qui ont eu des malheurs auprès de la beauté. Tu devines ce qui est le parti contraire. Donc Catherine la rosière n'est pas belle tant s'en faut, elle est même laide, mais elle est riche. Marguerite sa rivale est fort jolie, assez sage, un peu coquette, mais sans dot. Elle a ses fanatiques, c'est-à-dire ses amoureux, ou plutôt ses soupirants; Catherine a ses partisans c'est-à-dire ses dévots à sa dot et à la position considérable de sa famille. Qu'est-il arrivé ? Catherine l'a emporté sur Marguerite, et le parti de cette rivale séduisante et évincée s'est mis à protester à coups de poing contre l'élection, au milieu de la fête, puisqu'il ne lui était pas permis de protester dans la salle de la mairie.

— Oui, dit Arnolphe; voilà précisément mon sang qui s'arrête.

— Cher ami, ce sera pour toi un doux souvenir; tu auras arrosé de ton sang la terre classique et fleurie de la vertu et des rosières.

— Assez! assez! partons! s'écria Arnolphe que l'impatience gagnait et qui entrevoyait un certain ridicule pointant ses cornes à l'horizon.

On appela le cocher qui s'était prudemment réfugié au cabaret pour vider des coupes couronnées au lieu de s'amuser à couronner des vertus.

— A Paris! s'écria Arnolphe, et grand train!

— A quelle adresse, notre maître?

— Allez toujours, on vous arrêtera. Est-il curieux ce cocher?

Le cocher grimpa sur son siége et fouetta ses chevaux.

— Voilà, se disait-il à lui-même, de singuliers jeunes gens! ils prennent une voiture sans savoir pourquoi ni pour où; les idées leur viennent en route. Oui, mais ils donnent cent sous pour boire. Ce doivent être des Américains ou des Russes.

Quand on rentra dans Paris par la barrière de l'Etoile, l'ami de M. de Montclair ne put se défendre de jeter un regard inquiet sur l'avenue des Champs Élysées.

— Sois tranquille, lui dit le vicomte, tu ne rencontreras aucun corbillard, il est six heures, à cette heure-ci on n'enterre plus personne. — Il est tout de même très-singulier, cher ami, reprit-il, que tu sois venu du fond de ta province à Paris pour te mettre à la tête du convoi d'une vieille chanoinesse allemande, et pour couronner de roses une grosse fille de Nanterre aux mains rouges!

— Te tairas-tu? répondit Arnolphe très-contrarié.

— Je ne parle, reprit Montclair, ni d'un déjeuner payé trente-cinq francs, ni d'un vigoureux coup de poing reçu sur le nez.

— Encore !

— Ni de bien d'autres petits bonheurs dont tu ne m'a pas encore parlé probablement. Eh ! pour une première journée, cela promet. Sans compter ce qui peut survenir d'ici à minuit.

Décidément la compagnie de M. le vicomte de Montclair perdait beaucoup de ses charmes aux yeux d'Arnolphe. Cet ami tant désiré commençait à lui paraître un être fatal ou tout au moins très-contrariant dans l'économie des jouissances qu'il était venu chercher à Paris. Peu à peu Arnolphe en vint au point de souhaiter de grand cœur un événement quelconque qui le débarrasserait de ce trouble-fête, qu'il soupçonnait déjà d'être devenu un *mauvais œil.*

O amitié ! divinité chimérique ou fallacieuse !

L'occasion servit Arnolphe plus tôt qu'il ne pensait. Arrivée à la place de la Concorde, la voiture s'arrêta, et le cocher, un peu curieux avec juste raison, descendit de son siége et vint poliment demander où ces messieurs avaient l'intention d'aller.

— Ce cocher est questionneur, dit Montclair. Ce matin, à la même place, il nous a adressé la même demande.

— Mais, reprit Arnolphe, il faut bien qu'il pousse ses chevaux vers un point déterminé.

— C'est juste. Eh bien ! où vas-tu ?

— Moi ! je vais dîner au boulevard.

— Ah ! dit Montclair, tu cours encore l'imprévu. Va, cher ami, va ! Quant à moi, je dîne ce soir chez mon banquier, rue de Richelieu.

— Je te mènerai à sa porte, cher ami, se hâta de dire Arnolphe, enchanté au fond du cœur.

O sainte amitié !

On donna enfin une adresse au cocher. Arnolphe déposa à la porte cochère d'une grande maison, ton ami Montclair, avec autant d'empressement et de soin qu'il en eût mis à déposer un fiévreux à la porte d'un hôpital. Il lui serra la main en lui criant un: Au revoir! La voiture partit.

— Il me gâtait joliment ma journée, ma première journée à Paris, se dit l'ingrat quand il fut seul. J'ai excessivement bien fait de ne pas lui dire un mot au sujet des délices de ma soirée. Charmante rencontre que celle du baron de Villepoix! En voilà un, par exemple, que mon heureuse étoile m'a ramené. Ce n'est pas lui qui m'aurait fatalement attiré vers un cercueil jusqu'au point de me faire verser des larmes, que dis-je? des sanglots; et qui m'eût placé dans la situation ridicule de mener le convoi d'une vieille fille Welche. Ce n'est pas lui qui m'eût conduit à cette fête ridicule et soi-disant champêtre, où je n'ai gagné qu'un affreux coup de coude, ou coup de poing sur le nez... Ah! ce Montclair est décidément un être fatal et dangereux. Je ne le reverrai de ma vie.

O amitié sublime, de quels sentiments généreux et délicats vous remplissiez dans ce moment-là le cœur de M. Arnolphe!

Comme la voiture se trouvait dans le voisinage de l'hôtel de notre gentilhomme, Arnolphe se fit conduire chez lui pour donner des soins à sa toilette. Il s'agissait d'être séduisant, irrésistible. Une princesse russe et deux beautés de ses amies; trois femmes à la mode à Paris! peste!

Arrivé à son hôtel, l'ami du baron de Villepoix rencontra justement sous le vestibule Madame de Boisflotté, son hôtesse, qui l'arrêta carrément en l'apostrophant de cette phrase effrontée, devant six personnes :

— Monsieur trouve-t-il toujours son appartement trop cher? Depuis ce matin, j'ai une mansarde vacante...

— Madame, reprit Arnolphe rouge de colère, Paris est la ville de la politesse et des égards; mais vous m'en feriez douter, en vérité.

— Monsieur, répliqua la Boisflotté, Paris est une ville où l'on trouve de la marchandise à tout prix, et quant à mon hôtel, il ne convient qu'à des gens riches, et...

— N'achevez pas, madame Boisflotté? s'écria Arnolphe, car je ne sais trop ce que je vous répondrais. Ah! si vous étiez un homme je vous aurais fais rentrer vos paroles dans la gorge.

— Dans la gorge! s'écria à son tour madame l'hôtesse. Vous osez parler de ma gorge, monsieur?...

Heureusement un éclat de rire général accueillit ces paroles, et Arnolphe, malgré sa colère, fit écho aux rieurs et profita de l'incident pour gagner au plus vite son appartement.

Après un quart d'heure donné aux élégances de sa toilette, il alla retrouver sa voiture qui l'amena devant l'entrée d'un des restaurants en renom, sur le boulevard des Italiens.

— A nous deux, cocher, mon brave homme, dit Arnolphe en descendant de voiture. Combien vous dois-je pour notre course?

— Mon colonel, répondit le cocher, sait bien l'heure à laquelle il m'a pris.

— C'est juste. On vous a pris à une heure et demie.

— Et il est six heures et demie, mon général.

— Cocher, je ne suis pas militaire. Cela fait en tout?

— Deux heures en ville, quatre heures hors des fortifications, en tout dix-neuf francs, et comme M. le comte m'a promis cinq francs pour boire...

— C'est vingt-quatre francs que vous me réclamez, répliqua Arnolphe piqué et pipé.

— Juste le compte, mon général.

— Sacrebleu! cocher, je ne suis pas militaire, ni titré, entendez-vous. Voilà vos vingt-quatre francs, mais vous m'écorchez.

— Moi, mon bourgeois!

— Vous et votre tarif, deux floueurs!

— Pékin! dit le cocher en sautant sur son siége, après avoir reçu son argent.

Arnolphe se hâta d'entrer au restaurant, non sans se répéter à lui-même sa phrase favorite, par manière de consolation :

— Paris est certainement toujours la ville des délices et la cité de l'exquise politesse, bien qu'on puisse y rencontrer par hasard des gens grossiers et fort cupides.

Puis il ajoutait avec une légère indignation :

— Aller à Nanterre pour y acheter, au prix de vingt-quatre francs, un énorme coup de poing sur le nez ! C'est cher et surtout absurde. Ah ! ce damné Montclair !

Quand il eut pris place devant une table du restaurant, il invita, avec une certaine fermeté, les deux garçons qui se dirigeaient vers lui, à ne lui rien proposer pour son dîner, à ne pas lui adresser la moindre question. Il se souvenait des deux inquisiteurs qui, au café, dans la matinée, l'avaient voulu confesser malgré lui. Arnolphe fit sa carte au crayon, et donnant ce carré de papier au servant :

— Tenez, lui dit-il, et ne me parlez pas; servez-moi. D'ailleurs, je suis sourd.

— Cela se voit bien qu'il est sourd, reprit le garçon en s'adressant à son compagnon.

— Et entêté, probablement, ajouta ce dernier.

— Il a la mine d'un ladre, reprit le premier.

— Ces têtes-là lésinent avec leur bouche et donnent vingt-cinq centimes pour boire. J'ai vu ce campagnard quelque part.

— Aux trente-deux sous, probablement.

— Cela se paie une culotte une fois par hasard.

— Vous êtes deux insolents ! s'écria Arnolphe qui rompait tout à coup sa surdité.

Les deux garçons épouvantés se hâtèrent de s'esquiver. Un troisième servant vint donner des soins à notre gentilhomme. Il lui apporta des huîtres et du vin de Saint-Péray. Arnolphe se mit à dîner avec la ferme volonté de se donner le meilleur repas possible et au prix fixé par son crayon.

Nous sommes obligés de faire connaissance avec ses voisins ou plutôt avec ses deux voisines de droite. Ces dames étaient anglaises et dînaient tête à tête dans ce restaurant de bonne compagnie. La plus âgée, milady, pouvait avoir de trente-cinq à trente-huit ans. Elle avait le teint couperosé, des dents très-blanches, mais très-apparentes, d'assez beaux cheveux blonds et une toilette de bon goût. La plus jeune, demoiselle de compagnie, était une fort jolie personne de vingt-deux ans environ, douée d'un sourire modeste et d'une figure fine qui rougissait à propos de rien ou de tout. Arnolphe était ravi du voisinage; cela le consolait un peu des Estelles de Nanterre et de leurs Némorins cognant si brutalement le nez des étrangers.

— Cette femme, pensait Arnolphe, doit appartenir à la haute aristocratie anglaise. Ce sera une bonne connaissance si je vais à Londres. Dieu merci, ce sorcier de Montclair n'est pas là pour me gâter mon imprévu avec son mauvais œil.

Paris redevenait donc pour notre gentilhomme une ville de délices. La conversation s'engageait avec un certain entrain sur les rapports cordiaux de la France et de la Grande-Bretagne, lorsque tout à coup *milady*, baissant un peu la voix et s'approchant légèrement d'Arnolphe, lui adressa cette question :

— Monsieur, connaissez-vous beaucoup ce convive placé en face de nous, là-bas contre le mur, et qui vous salue de temps en temps en souriant ?

Arnolphe regarda attentivement à travers son lorgnon le convive désigné. C'était un homme d'une quarantaine d'années environ, aussi pâle que maigre, vêtu de noir, mais proprement mis, portant une cravate blanche et des manchettes plissées.

— Non, milady, répondit Arnolphe un peu surpris. Je ne connais pas du tout ce monsieur ?

— Pourquoi affecte-t-il donc de vous saluer ?

— Je l'ignore. On peut lui envoyer demander s'il ne se trompe pas.

— Oh ! non, reprit vivement l'Anglaise, cette figure m'est antipathique. Evitez tout rapport avec elle

Milady était nerveuse. Arnolphe lui demanda à son tour si elle connaissait cet étranger infiniment trop poli.

— Ah ! Dieu, non ! répondit-elle, ni envie de le connaître.

La chose en resta là. La conversation reprit son cours vers les régions agréables de la vie.

— Mais, monsieur, dit encore milady, cet homme continue à sourire et à s'incliner en nous regardant.

— Il faut *éclaircir ce mystère,* répondit Arnolphe qui se souvenait malgré lui des formules adoptées à l'Opéra-Comique.

S'adressant alors à un garçon, il l'envoya demander à l'inconnu ce qu'il voulait de lui et pourquoi il le saluait.

Le garçon remplit sa mission et rapporta cette réponse :

M. Nécropolos qui a l'honneur de connaître monsieur.

— Milady, reprit Arnolphe en s'adressant à l'Anglaise, c'est un étranger, un Grec qui m'aura rencontré aux eaux, quelque part. Il n'a pas l'air d'un méchant homme, seulement il ignore les usages de Paris.

L'Anglaise parut respirer plus librement et se remit à manger de la bombe de glace aux fraises, dont elle avait oublié trois cuillerées dans son assiette. Quant à miss Ketty, c'était le nom de la jeune compagne de milady, elle n'avait pas perdu son temps à examiner les figures des convives, et à se rendre compte des impressions nerveuses que tel ou tel regard pouvait produire. Miss Ketty avait expédié la moitié de la bombe glacée à elle toute

seule, et sa jolie petite main s'apprêtait encore
reprendre la cuillère de vermeil pour attaquer d
nouveau la pyramide aux fraises, lorsque soudai
milady poussa un cri, mais un cri étouffé dans u
mouchoir de baptiste.

— Qu'est-ce donc? demanda la charmante en
fant.

— Seriez-vous souffrante, madame? demanda
son tour Arnolphe.

— Monsieur, dit milady, l'étranger, le Grec, s
lève de table et il a l'air de vouloir s'approcher d
nous.

— De grâce, milady, reprit notre gentilhomm
calmez-vous. Il n'y a rien que de très nature
dans tout cela. D'ailleurs je suislà, soyez tran
quille.

On coula à Arnolphe un regard de remerciemen
des plus gracieux. En effet l'inconnu, maigre e
pâle, s'approcha poliment de la table de notre ami
et se tenant debout, le chapeau à la main, il l
salua deux fois. Arnolphe voulut se lever; l'in
connu le supplia de ne pas se déranger et ajout
avec un accent très-parisien pour un Grec de l'A
cropole et du Pirée :

— Charmé, monsieur, d'avoir eu l'honneur d
vous rencontrer. Avez-vous été content de l'ordon
nance de la cérémonie?

— Oh! très-content, répondit Arnolphe, qui pen
sait au couronnement de la rosière et qui prena
l'étranger pour un des spectateurs de la fête, e
voulant plaisanter. Très-content! Seulement j
m'en suis tiré avec une certaine douleur...

— Cela se comprend, reprit l'étranger; dans ce
moments-là, on ne peut répondre de rien. Votr
indisposition n'a pas eu de suites, monsieur?

— Non, grâce à Dieu; mais je vous remercie
monsieur, de l'intérêt que vous prenez à ma santé

— Cela est tout naturel, répondit l'inconnu; i
faut, monsieur, vous distraire un peu et accepte
en philosophe les choses comme elles viennent. J

vois que vous êtes dans ces principes, et que vous avez pris le bon parti de venir dîner dans un des meilleurs et des plus agréables établissements de Paris.

— Où diable veut-il en venir? disait Arnolphe en lui-même.

— Monsieur, reprit l'inconnu, je ne veux pas être indiscret plus longtemps, d'autant plus que vous êtes en très-bonne et ravissante compagnie.

Et il avait respectueusement désigné milady qui pâlissait et n'avait pas la force de soulever sa cuillère pleine de glace à la fraise.

— Mais puisque le hasard m'a accordé la faveur de vous rencontrer, ajouta l'inconnu en tirant de son portefeuille un papier plié en deux et quelques cartes, permettez-moi de vous remettre cette note. Selon l'usage, à Paris et dans la haute compagnie, ces sortes de mémoires sont soldés dans les vingt-quatre heures. Voici également mon adresse. Celle de monsieur est? ..

— Rue de Richelieu, hôtel de...

Arnolphe dit machinalement le nom de l'hôtel où il avait son domicile, ne comprenant rien du tout à cet imbroglio, mais acceptant tout pour en finir.

— Ah ! très-bien, reprit le monsieur maigre et pâle, avec un sourire de vampire. Voici donc la note et ma carte. Veuillez, monsieur, pardonner à mon indiscrétion, mais j'ignorais l'adresse de votre logement. Tout à vos ordres, monsieur. Je suis tout à fait également aux ordres de madame, reprit-il en se retournant poliment vers milady et en déposant une carte sur la table, près de la bombe aux fraises.

Il salua avec respect et non sans une certaine aisance, qui prouvait l'homme distingué, et il se hâta de sortir du restaurant.

Milady avait osé toucher la carte déposée sur la table; elle l'avait saisie dans un de ces accès d'é-

nergie dont les femmes de trente-cinq ans et nerveuses sont seules capables. Elle la regarda fixement, lut le nom, la qualité et l'adresse de l'étranger, puis elle poussa un cri aigu, et se renversa
sur sa chaise, évanouie.

La scène tournait au drame. Une assez vive
émotion se manifesta dans la salle du restaurant.
La dame du comptoir accourut avec empressement,
et ce fut Arnolphe qui, relevant milady, la porta
lui-même dans un cabinet voisin. Miss Ketty, de
son côté, était prête à se pâmer. Il fallut lui faire
respirer le même flacon de sels qu'à sa maîtresse.
Milady avait toutes les peines du monde à reprendre l'usage de ses sens. La dame du comptoir se
rassura cependant et regagna la grande salle où
ses occupations la demandaient.

On apporta à Arnolphe une paire de ciseaux. Il
n'y avait plus à hésiter; milady étouffait dans son
corset trop serré. (Oh! instrument de torture inventé par une puissance bien autrement cruelle
que la sainte inquisition, la coquetterie!) Milady
avait copieusement dîné... Arnolphe, dans le
lyrisme de son dévouement, armé des ciseaux sauveurs, coupa le lacet du haut en bas, et même il
endommagea assez sérieusement le corsage de la
robe. Les charmes de la noble Anglaise pouvaient
être compromis par un regard profane, mais milady était sauvée. Rouvrant les yeux, poussant un
soupir profond, elle étendit un bras, et Arnolphe,
un genou en terre, lui baisa la main. Quant à
miss Ketty, elle avait préféré les larmes à l'évanouissement; elle pleurait et n'en était que plus jolie.

— Ah! dit la pauvre Anglaise d'une voix plaintive, de grâce, monsieur, une voiture!

Un garçon de restaurant courut chercher une
voiture de remise qui vint stationner devant la petite porte de la maison, une porte discrète, bien
connue des heureux habitués des cabinets particuliers. Mais au moment d'emporter milady dans la
voiture, on vint présenter à Arnolphe deux notes :

les notes le poursuivaient partout. Il regarda les deux totaux, paya et donna un large pour boire aux garçons, ces hydrophobes toujours altérés. Les deux additions réunies en formaient une seule fort jolie, et qui se résumait, en espèces sonnantes, par trois pièces d'or. Mais Arnolphe avait le cœur grand et tenait à passer pour un parfait gentleman.

Déposée dans la voiture, milady avait toutes les peines du monde à revenir à elle. Miss Ketty crut bien faire, la naïve enfant, en invitant Arnolphe à les accompagner. Il se plaça sur le siége en face de ces dames. La voiture partit pour la rue désignée.

On arriva dans le quartier de la Madeleine; on s'arrêta en face de la porte d'une maison meublée et d'assez belle apparence. Milady fut transportée dans son appartement. Notre gentilhomme monta et suivit la malade. Il avait le cœur bon, et il se faisait un point d'honneur de donner des soins jusqu'au bout à une personne distinguée que le hasard avait mise sous sa protection.

Mais quelle ne fut pas la surprise de notre ami, lorsque se trouvant seul dans un petit salon où il attendait des nouvelles de la malade qu'on avait portée dans une chambre à coucher voisine : quelle ne fut pas sa surprise en voyant venir à lui un gros personnage roux, chauve et furieux, qui l'apostropha de la sorte, mais dans un français impossible à écrire :

— Êtes-vous gentleman, môsieur ?

— Je m'en flatte, milord, dit Arnolphe.

— Nô, vous ne l'êtes pas,

— Milord, prenez garde à ce que vous dites.

— Vous avez osé couper... vous avez osé toucher.

— Permettez, Milord, il fallait couper le corset, sous peine de voir mourir milady.

— Nô; elle ne serait pas morte. Et quand même, une femme vertueuse doit mourir plutôt que...

— Milord, rappelez votre raison.

— Ma raison a raison, môsieur ! Vous avez osé porter les mains...

— Ah ! Milord, vous extravaguez, et si j'ai touché des étoffes...

— Des étoffes, môsieur ! Oh ! il me faut une réparation tout de suite. En Angleterre, dans le Royaume-Uni, la plus grande nation du monde, vous comprenez...

— Parfaitement. Mais sans refuser votre cartel, je l'ajourne à demain. D'ici là vous réfléchirez et vous reconnaîtrez que vous êtes un... ingrat.

— Un ingrat !

— Oui. Je ne vous demande pas des remerciements, mais vous m'en devez.

— Des remerciements pour avoir coupé le corset... dans un cabinet particulier... Oh !

— Ah ! fou d'Anglais ! s'écria Arnolphe hors de lui, qui diable te ferait entendre raison ?

— Au pistolet, môsieur, ou à l'épée !

— A la broche, si vous voulez, riposta Arnolphe en gagnant l'escalier. Demain je serai à vos ordres ; demain je reviendrai savoir des nouvelles de milady.

— Oh ! votre nom, votre adresse, môsieu ? Voici mon nom, à moâ.

Le gros Anglais jeta une carte sur l'escalier. Arnolphe la ramassa. Il se hâta de regagner sa voiture, la tête en feu, le cœur indigné, maudissant les Anglais, le Royaume-Uni tout entier, l'alliance anglaise et tout ce qui ressemblait de près ou de loin à l'Angleterre. La voiture le ramenait dans le quartier du boulevard des Italiens. Il jeta les yeux sur la carte de milord, et lut ces mots avec une stupeur mêlée d'indignation :

JOHNSON,

Directeur de la compagnie des engrais, à Londres.

— Malédiction ! s'écria notre gentilhomme. La femme d'un marchand de poudrette ! et moi qui l'ai traitée comme une duchesse !

Nous devons aussi une explication au lecteur au

sujet du personnage fatal et mystérieux rencontré au restaurant.

La note remise à Arnolphe se montait à six cents francs pour les frais du convoi de la baronne allemande, dont il avait conduit le deuil et dont il était l'*héritier*. La carte portait le nom et la qualité ci-dessous :

NÉCROPOLOS,

Ordonnateur des pompes funèbres.

Tout s'expliquait. Et milady avait eu, il faut en convenir, quelque raison de se trouver mal dans les bras d'Arnolphe, surtout après avoir mangé avec assez d'entrain de la bombe glacée aux fraises.

— Encore un rêve envolé! dit notre ami, en étouffant un soupir. C'est singulier! qui peut me gâter Paris de la sorte? Mais, non, c'est impossible. Paris est charmant : il doit l'être, je veux qu'il le soit, moi, et puisque je fais un voyage d'agrément, il faut que je me *plonge dans les délices* sur lesquelles j'ai des droits. Ah! parbleu! nous verrons bien. Mais, j'oubliais... et l'Opéra? Cocher, cocher, vite à l'Opéra !

Il était près de huit heures et demie quand Arnolphe arrivait à l'Académie impériale de musique et de danse (singulière appellation ! mais adoptée, et vous auriez beaucoup de peine à persuader à une danseuse qu'elle n'est pas une académicienne). C'était l'heure du beau monde. Le ballet allait commencer.

— Numéro 20, premier rang, dit Arnolphe en entrant.

Il monta le grand escalier en triomphateur. Il respirait à pleine poitrine cet air embaumé de fleurs, et chargé de je ne sais quelles enivrantes émanations, qui est particulier à l'Opéra de Paris. Et puis, notre gentilhomme allait se trouver dans une loge élégante, en compagnie de la princesse russe et de deux femmes à la mode, jeunes, belles, étourdissantes.

Arrivé au corridor du premier rang, Arnolphe alla droit au numéro 20. L'ouvreuse courait après lui, alerte, souriante, toute fleurie et enrubannée.

— Monsieur fait partie de la loge louée?

— Oui, madame.

— Le nom de monsieur?

— Arnolphe.

— Je vais annoncer monsieur.

— Faites, madame. Combien de personnes dans la loge?

— Une seule dame encore, monsieur.

— Diable! dit Arnolphe en calmant l'empressement de l'ouvreuse. Et cette dame est arrivée seule?

— Oui, Monsieur.

— Elle est jeune?

— Ah! Monsieur, reprit l'ouvreuse en minaudant, jeune... comme le printemps.

— Veuillez ouvrir et m'annoncer, madame.

L'ouvreuse obéit. Arnolphe entra et se trouva tête à tête avec une des plus jolies femmes de Paris.

— Voilà ma bonne étoile revenue, se dit Arnolphe, le cœur battant la campagne. Oh! Paris! Paris! ajoutait-il.

La belle dame se retourna, se leva un peu, s'inclina légèrement et reprit sa position ordinaire au coin de la loge. Arnolphe se serait prosterné. Quel sourire! quel regard! quels cheveux blonds! quels bras et quelle taille! et puis une toilette incomparable d'élégance.

Cependant un second regard interrogea le nouveau venu dans la loge. Arnolphe dit alors son nom et expliqua en deux mots comment il avait été invité par son ami le baron de Villepoix à faire partie de la loge à l'Opéra.

— Monsieur, dit la plus ravissante des femmes, je n'ai pas l'honneur de connaître M. le baron de Villepoix, et je n'ai pas non plus l'honneur de vous connaître; j'ignore les projets d'Opéra dont vous me parlez; mais je connais les droits de l'hospitalité, vous me paraissez de fort bonne compagnie, et puisque vous ne trouvez pas de place dans la salle, veuillez accepter une place dans ma loge.

— Madame, reprit Arnolphe stupéfait, cette loge porte le numéro 20; n'a-t-elle donc pas été louée par M. de Villepoix pour trois dames qui l'en avaient chargé?

— Trois dames! dit l'inconnue en souriant. Ah! certes, quand je viens ici je prends ma loge tout entière pour moi, fort heureuse si on veut bien venir m'y voir.

Arnolphe s'inclina un peu confus, respectueux, enivré, jurant bien de revenir; mais tenant à interroger l'ouvreuse, il sortit de la loge.

— Madame l'ouvreuse, dit-il à cette digne fonctionnaire du corridor, madame l'ouvreuse, par qui le numéro 20 a-t-il été loué?

— Par cette dame, monsieur. Voici son billet de location.

— Donnez, Madame, ajouta Arnolphe en prenant le billet pour le lire, mais en laissant un écu de cinq francs dans la main de l'ouvreuse.

Il lut ces mots : « Loge louée à madame la vicomtesse de Valéry. »

— Allons, dit-il, je me serai trompé de numéro.

— Si monsieur voyait au contrôle?

— Oui, certainement.

Il se hâta d'aller au bureau et demanda le renseignement qu'il désirait. On lui donna la preuve qu'aucune loge dans la salle, ce jour-là, n'avait été louée au nom qu'il désignait ni à aucun autre nom qu'il indiqua. Il prit le parti d'aller inspecter toute la salle par les lucarnes des loges, exploration des plus désagréables, et à laquelle sont réduits quelquefois de fort honnêtes gens. Mais il ne découvrit pas la moindre trace de princesse russe ou de baron de Villepoix. Fort étourdi de l'aventure, il se rendit au foyer, solitaire dans ce moment-là, et se livra à des réflexions fiévreuses et qui n'aboutirent à rien. Tout à coup une soudaine résolution le souleva de son banc de velours.

— Eh! que diable! dit-il, où ai-je donc l'esprit? La plus charmante femme de Paris, seule dans sa loge, m'offre une place, et moi, triple niais, je m'amuse à courir après un baron de Villepoix et des pérouuelles de sa compagnie?

Il se dirigea vers la loge qu'on lui ouvrit à l'intant et cette fois il y trouva deux femmes adorables au lieu d'une à adorer.

— Monsieur Arnolphe, dit la vicomtesse de Valéry en le présentant à la nouvelle venue.

— Madame la marquise de Sainte-Ursule, ajouta-t-elle en désignant son amie à Arnolphe.

La marquise s'inclina légèrement. Notre gentilhomme admira d'un coup-d'œil la beauté sérieuse de cette femme, dont les yeux noirs étaient cependant si doux et dont la chevelure noire était incomparable.

Le ballet commençait. On donnait la quatrième représentation de *Marco Spada*, où mesdames Rosati et Ferraris jouaient les premiers rôles. C'était une magnifique soirée. Mais, bon Dieu! pour notre ami, les merveilles de l'Opéra, dans ce moment-là, n'étaient plus sur la scène. Regardait-il les deux ravissantes danseuses à travers les verres d'une excellente lorgnette? je ne crois pas; il y a cent à parier contre un que si la main tenait la lorgnette à la hauteur des yeux, les regards se détournaient obliquement et ne dépassaient pas les murs de soie de la loge. Ah! ce cher Arnolphe! il courait après l'imprévu; il l'avait rencontré encore une fois, et le plus beau qui fût au monde.

Le ballet arriva à sa fin; on redemanda les deux grandes danseuses qui vinrent saluer le public sous une averse de fleurs. Arnolphe applaudit du bout des doigts, distrait, enivré, le cœur en fête.

Les deux nobles amies se levèrent et demandèrent leur mante. Arnolphe, avec une certaine élégance, leur tint lieu de chevalier d'honneur et leur demanda la permission de les accompagner jusqu'à leur voiture.

— Comment donc! dit la vicomtesse. Mais j'espère bien, puisqu'un hasard heureux nous a fait trouver en vous un protecteur, que vous voudrez bien venir jusque chez nous où quelques bons amis ont l'habitude de se rendre après l'Opéra pour prendre une tasse de thé.

Ces dames descendirent le grand escalier, entourées d'admiration et elles furent saluées par quelques individus fort bien mis, à qui elles jetèrent un bonsoir du bout de l'éventail, le tout avec une fine coquetterie.

Sous le péristyle elles prièrent Arnolphe d'appeler François. Il s'avança jusqu'à la porte. Et comme François ne répondait pas à l'appel, il expédia deux commissionnaires à la recherche de ce malencontreux domestique.

François resta introuvable. Les belles dames prirent la chose gaiement et dirent en riant.

— Il est incorrigible! Il se sera grisé et il aura oublié l'heure. Quant au cocher, il attend à l'hôtel les ordres de M. François.

Voyant à quel point ces dames avaient de philosophie, Arnolphe leur proposa de les ramener dans une voiture de place qui se trouvait là; une remise d'aventure, une boîte roulante bien humble, bien indigne d'elles.

Ces dames acceptèrent avec une belle grâce incomparable.

— Rue de..., dit la vicomtesse en indiquant le numéro.

La voiture partit emportant deux divinités et un amoureux. Jolie nichée qui se fût envolée vers Cythère, trois mille ans plutôt.

Au bout de dix minutes, la voiture s'arrêtait devant la porte cochère d'une des plus jolies maisons du quartier de la Chaussée-d'Antin.

— Je loge au second, je vous en préviens, dit la marquise, en montant l'escalier au bras d'Arnolphe.

Ah ! c'est une échelle à monter.

— Madame, cet escalier est d'un goût et d'une douceur...

— Ne faites pas de compliments à mon escalier, monsieur. Je suis horriblement logée, mais j'ai donné congé et dans trois mois je retourne au faubourg Saint-Germain.

L'appartement de madame la vicomtesse de Valéry était grand et d'une richesse d'ameublement fort élégante. Il y avait un délicieux petit salon ovale tapissé en lampas bleu de ciel, capitonné de boutons d'or : c'était le parloir. Là se trouvait, près de la fenêtre, une jardinière de fleurs des tropiques dont les aromes étaient enivrants. Ces dames laissèrent Arnolphe seul dans ce joli réduit, éclairé par deux lampes en porcelaine de Sèvres.

Elles avaient à donner quelques soins à leur toilette. Arnolphe, à demi couché dans un doux fauteuil, laissait flotter ses idées dans les plus fantastiques régions.

Il avait un sérieux examen à subir avec lui-même. Jusqu'ici notre gentilhomme n'avait pas bien démêlé un certain imbroglio qui captivait à la fois son cœur et son imagination. Enfin, prenant la chose avec énergie, il se posa carrément cette question :

— De laquelle des deux décidément dois-je être amoureux ?

Et il soupira ; il eût voulu pouvoir les aimer toutes deux également et à la fois. C'était un grand sensualiste doublé de sensibilité que M. Arnolphe.

Cependant un rayon blond et rose vint couper en deux son incertitude. Arnolphe se dit qu'il était épris de madame la vicomtesse, la maîtresse du lieu. Soulagé par cette décision, il ne tarda pas cependant à entrer dans une nouvelle phase de perplexités.

— Eh! mais, se dit-il un peu effrayé, a-t-elle un mari?

Un fâcheux vicomte, et plus fâché encore que fâcheux se montra à son imagination.

— Il faut que je m'assure du fait, reprit-il, et sans tarder; j'en ai la fièvre.

Les dames rentrèrent, belles, pimpantes, ayant transformé légèrement leur délicieuse toilette. On s'assit; la conversation s'anima, et quand le thé fut servi, Arnolphe aborda assez adroitement le chapitre du mariage.

— Ah! dit la bonne marquise de Saint-Ursule, ne m'en parlez pas. J'ai un mari qui ne veut pas être jaloux, moi; il me laisse une indépendance de cœur et de conduite qui me blesse souvent, qui m'humilie.

— Ma chère amie, reprit la blonde vicomtesse, c'est mal, ce que vous dites là. Un mari quel qu'il soit est toujours un protecteur, une garantie dans le monde, qui est aujourd'hui si méchant.

— Elle est veuve! se dit Arnolphe en respirant plus à l'aise.

— Chère belle, répondit la marquise, de quoi vous plaignez-vous? vous avez cet ami si précieux qu'on appelle un mari.

Arnolphe, dans un mouvement nerveux, se brûla les doigts en renversant du thé.

— Vous appelez cela un mari! dit madame de Valéry, un homme qui habite les Indes!

— Le général vous reviendra, rassurez-vous, ajouta la marquise. Quelle folie lui a prise d'aller faire la guerre, pour les Anglais, dans les montagnes de l'Afghanistan? cela ne peut durer longtemps. Qu'est-ce que les rois indiens ont fait au général?

Arnolphe était un peu consolé. Son amour-propre venait même de gagner quelque chose à cette révélation. L'idole de son cœur non-seulement était titrée, mais elle était encore madame la générale.

Il était près d'une heure du matin ; l'appartement commença à s'éclairer comme si l'on devait recevoir nombreuse compagnie; deux domestiques en livrée préparaient des tables à jeu.

— Quelques amis vont venir me voir, dit madame de Valéry. C'est mon jour... ou ma nuit, comme vous voudrez. A Paris, on ne vit qu'aux bougies; le soleil est fait pour éclairer les affaires et les ennuis; c'est le quinquet des pauvres gens. Oh! à la campagne, en Italie, en Espagne, je l'adore, c'est autre chose. Vous avez voyagé? monsieur.

Arnolphe répondait de son mieux, mais avec un peu de distraction. Il ne comprenait pas trop cette soirée commençant à une heure du matin; mais il craignit de passer pour un provincial robuste et crétinisé s'il faisait à ce sujet la moindre question

Cependant deux ou trois femmes titrées arrivèrent accompagnées de gentilshommes qui ne manquaient ni d'élégance, ni de rubans à la boutonnière. La vicomtesse recevait son monde en grande dame et avec une touchante affabilité. Bientôt il y eut dans le grand salon et dans les deux pièces attenantes près de quarante personnes. Les rafraîchissements les meilleurs étaient offerts à profusion. Tout allait pour le mieux dans ce monde merveilleux et *imprévu*, où notre ami venait d'être emporté, par quelque enchanteur, sans doute.

Des tables à jeu furent dressées comme moyen de distraction ; mais le piano fit entendre des redowas et des mazurkas les plus à la mode. Arnolphe, très-empressé auprès de la vicomtesse, eut la suprême volupté de valser avec elle. Quelle taille, souple, élégante! quelle légèreté et quelle adorable *morbidezza*! comme on dit en Toscane.

Le piano ne cessait de chanter sous les doigts blancs et effilés d'une de ces dames, mais la danse se ralentit peu à peu, et bientôt elle s'arrêta complétement. Les tables de jeu furent entourées, et, ma foi, gentilshommes et grandes dames se mirent à jouer et à parier avec un entrain qui s'animait par degrés. L'or est une chimère, c'est convenu. Le piano allait toujours, mais diverses musiciennes se succédaient au clavier. Ce fut au milieu de cette harmonie, et à travers les vapeurs chatoyantes des rêves les plus exquis ; ce fut en respirant les aromes les plus enivrants que M. Arnolphe vit apparaître, sans trop savoir d'où elle sortait, une table verte beaucoup plus large que les tables ordinaires et ornée à son centre du plus joli appareil en cuivre et en ivoire.

— Eh ! dit-il en lui-même, qu'est-ce que c'est que cela ?

Une main fine vint effleurer son épaule ; une voix flûtée lui dit :

— Nous nous passons une folie ce soir ; mais, entre gens de bonne compagnie, c'est sans inconvénient. C'est comme aux eaux. Voyons, monsieur Arnolphe, vous êtes si galant que vous ne voudrez pas bouder la fortune ; elle est femme ; et elle a de si beaux yeux !

— Ah ! madame, répondit Arnolphe enivré du regard qui cherchait à le dompter ; madame, quels yeux et quelles séductions pourraient être comparées...

— Voyons, reprit la sirène, avez-vous de l'argent ? en voulez-vous ?... je serai votre banquier.

Cette dernière phrase fut lancée si adroitement, qu'Arnolphe ne vit pas le piége, et déclara tout de suite qu'il avait sur lui une assez jolie collection de médailles d'or à l'effigie légale.

— Oh ! très-bien, ajouta la sirène. Comme nous sommes fier ! mais voyez donc comme tout le monde se presse autour de cette bienheureuse table où sautille la boule d'ivoire par bonds capricieux. Je veux lutter avec elle de coquetterie ; je veux lui gagner vingt, trente, quarante, cent louis. Ce sera une émotion de plus et d'un autre genre, ajouta-t-elle en coulant un regard malicieux et charmant à M. Arnolphe.

La roulette, puisqu'il faut l'appeler par son nom, décrivait dans son cylindre ses rapides cercles comme autant d'éclairs aux yeux des joueurs et des joueuses. L'or étincelait sur tout le tapis et un monsieur aussi bien frisé que cravaté, un monsieur, chevalier de plusieurs ordres, tenait la banque; il payait avec élégance du côté gagnant, et ramassait, avec non moins d'élégance et par de légers coups de râteau, tout l'argent perdu du côté opposé, selon la chance ou la fantaisie de la fortune.

Arnolphe, pour éviter toute réflexion importune, jetait des louis sur le tapis. Le malheureux avait gagné, mais il commençait à perdre. Ce fut dans ce moment-là, ce fut au milieu de cette fièvre générale à laquelle il cédait sans réserve, que quelqu'un lui dit à l'oreille :

— Un domestique a reçu un billet qu'on dit à votre adresse, monsieur. Ce domestique vous cherche.

Arnolphe se retourna, remercia l'inconnu qui lui donnait cet avis, et en effet, il vit un des domestiques du lieu qui lui présentait un billet bien cacheté.

— Qui a porté cela? demanda Arnolphe à voix basse et sans que les joueurs fissent la moindre attention à lui.

— Monsieur, c'est un commissionnaire. On l'a remis au concierge, avec ordre de le monter à l'instant pour le remettre à monsieur.

— C'est bien, dit Arnolphe en décachetant le billet, qu'il alla lire à l'écart, près d'une lampe.

Le billet n'avait que quatre lignes. Les voici :

« Je vous ai suivi de l'Opéra à la maison où vous vous trouvez. Quittez bien vite cette maison. Vous êtes dans un des plus affreux tripots de Paris; un repaire d'escrocs où l'on détrousse les étrangers nouvellement arrivés. »

Le billet n'était pas signé.

— Une lettre anonyme! se dit Arnolphe. Fi donc! N'importe. Voyons ce qui en est.

Dans ce moment même la belle vicomtesse, assez inquiète de voir son chevalier lisant une lettre à l'écart, s'approchait de lui. Arnolphe lui trouva le sourire étrange; mais quel ne fut pas son effroi lorsqu'il la vit pâlir et qu'il entendit un cri horrible, un cri général, partant de la table des joueurs et des joueuses.

Il se retourna comme un homme surpris par un rugissement de tigre... Non, ce n'était pas une bête féroce qui entrait au salon, mais Arnolphe n'en resta pas moins sous l'impression d'une terreur jusque-là inconnue pour lui.

Un homme d'une figure grave et honnête, un homme ceint d'une écharpe, se montrait sur le seuil de la porte du salon, et, suivi de dix à douze agents de police, il donnait des ordres pour garder toutes les issues.

— Au nom de la loi, dit M. le commissaire, je vous arrête tous et toutes. Que personne ne résiste et ne touche aux enjeux sur la table.

Quelques mains fébriles se portèrent, toutes crispées, sur l'or du tapis.

— Au nom de la loi, répéta la voix foudroyante de M. le commissaire, je vous ordonne de ne pas toucher à ce qui est sur la table.

Alors, assisté de son greffier, il interpella chacun à son tour dans cette grande et belle compagnie. Le greffier inscrivait les réponses, les noms, prénoms et adresses. Le tour d'Arnolphe arriva. M. le commissaire le questionna avec une certaine bienveillance.

— Vous êtes étranger à cette maison, lui dit-il. Vous n'êtes arrivé à Paris que depuis ce matin. Vos nom, prénoms, qualité et domicile, monsieur, s'il vous plaît?

Arnolphe, pâle, mais superbe d'indignation, jetant çà et là sur ceux et celles qui l'entouraient des regards de mépris, Arnolphe répondit d'une voix

ferme et sans hésiter aux questions qui lui étaient
faites.

— Très-bien, monsieur, dit le commissaire ;
votre loyauté sera appréciée.

Tout à coup la vicomtesse, qui avait eu une at-
taque de nerfs, s'élança vers le magistrat, et, le
poing fermé, elle lui cracha au visage les plus hi-
deuses injures.

— Oh ! quant à vous, reprit le commissaire, votre
affaire est claire. Il est temps de purger la société
d'une femme de votre espèce. Vous retournerez à
Saint-Lazare. Anéantie, elle retomba dans un fauteuil. Arnolphe jeta un coup d'œil sur elle ; il la
vit effroyable de laideur, l'œil hagard, verte, les
traits tirés comme ceux d'un spectre ; les autres
femmes cherchaient à se cacher le visage. La plupart pleuraient de désespoir, de rage. Quant à certains cavaliers pris en récidive, ils affectaient un
cynisme ricaneur. Huit ou dix jeunes gens étaient
sérieux ou profondément affectés. M. le commissaire, en homme de tact et armé d'un pouvoir dis-
crétionnaire, procéda en quelque sorte au triage de
cette réunion surprise en flagrant délit de jeu clan-
destin ; il autorisa les *victimes*, les *dupés*, les *pigeons*
à regagner leur domicile, en les prévenant que, s'il
y avait lieu, on les citerait à l'audience de la police
correctionnelle. Il reçut leur parole de se confor-
mer à l'ordre de la citation. Alors on vit une di-
zaine d'individus, le visage épanoui, se précipiter
dans l'antichambre, gagner l'escalier et la rue, où
certainement ils ne s'amusèrent pas à causer entre
eux.

Notre ami Arnolphe avait été compris au nombre
des *renvoyés* sur parole, et il ne fut certainement
pas le moins leste à prendre le large.

Quant à son argent, il était resté sur la table de
la roulette, saisi et confisqué comme celui de tout
le monde.

M Arnolphe payait cette jolie soirée, ce joli imprévu, deux mille francs !

Trois heures du matin sonnaient aux horloges de Paris. Les rues étaient désertes et sombres, mais un clair de lune magnifique argentait les toits et les balcons élevés. Notre ami gagna rapidement le boulevard des Italiens et la rue de Richelieu, tournant souvent la tête, non dans la crainte d'être poursuivi par des voleurs, il n'avait plus un sou sur lui, mais s'imaginant toujours avoir à ses trousses une escouade d'alguazils.

Arrivé à son hôtel, il se hâta de monter chez lui, et se jetant dans un fauteuil, il put enfin se recueillir et résumer avec calme les événements de sa première journée à Paris, ville de délices, pays de l'imprévu, où la vie est aussi facile, aussi charmante que variée.

L'examen auquel se livra Arnolphe amena les résultats suivants : depuis vingt-quatre heures seulement il avait payé d'une somme ronde de deux mille quatre cents francs le plaisir d'être mal logé, d'avoir reçu des impertinences de son hôtesse, d'avoir déjeuné au boulevard, d'avoir remis dix louis à un escroc sous prétexte de loge à l'Opéra et de princesse russe ; le plaisir non moins délicat d'avoir conduit le deuil d'une vieille chanoinesse allemande, qu'il ne connaissait ni d'Ève ni d'Adam ; le plaisir champêtre d'avoir couronné une rosière à Nanterre, et d'avoir reçu en échange un vigoureux coup de poing sur le nez ; le plaisir rare et distingué d'avoir délacé le corset d'une lady et de l'avoir ramenée chez M. Johnson son époux, dont lui, Arnolphe, avait reçu des injures pour tous remercîments ; le plaisir ineffable d'avoir reçu en plein restaurant une carte et un mémoire d'un ordonnateur des pompes funèbres ; le plaisir adorable d'avoir pris place à l'Opéra, aux premières loges, à côté d'une coquine fieffée : enfin le plaisir distingué d'avoir été surpris au milieu d'une bande d'escrocs et d'avoir livré son nom et ses qualités à la police pour l'action en justice correctionnelle, s'il y avait lieu. Le tout additionné, avons-nous dit, se montait à la somme de 2,400 francs, sans compter les menus frais.

— Ma foi, se dit Arnolphe avec beaucoup de philosophie, c'est aller un peu vite sur la route des plaisirs. Si je continue à rester ici, il y a gros à parier, en admettant un certain *crescendo* dans l'imprévu, que je finirai peut-être par être pendu avant la fin de la semaine. Merci à mon étoile. Il n'y a que ce loyal et brave Montclair qui m'ait tenu parole en faits de bons procédés. Car c'est lui qui m'a écrit le billet anonyme pour me sauver, s'il en était temps. Et moi qui lui croyais un mauvais œil! Moi qui lui jouais le tour de me mettre à la tête de son enterrement! Ah ! vraiment, c'est à en perdre l'esprit. Chien de pays! Mais on peut donc y devenir fou en vingt-quatre heures? Ce serait encore de l'imprévu. Toutefois, merci pour celui-là. Allons! il n'y a plus à hésiter, et si l'on me demande, en province, la cause de mon retour subit, je répondrai que décidément la vie n'est plus tenable à Paris; c'est un pays trop séduisant.

Une heure après ce monologue, M. Arnolphe avait réglé ses comptes avec le régisseur de l'hôtel appartenant à madame de Boisflotté à qui il fit offrir ses hommages les plus sympathiques.

A cinq heures du matin notre gentilhomme partait par le premier convoi du chemin de fer d'Orléans se rendant dans le midi.

L'aurore dorait à peine les collines à l'horizon; de légers nuages, des vapeurs diaphanes ondulaient dans l'azur du ciel; Arnolphe, épuisé de fatigue, se livrait dans le fond de la voiture à une somnolence qui ne manquait pas d'imprévu; entre le songe et la réalité, il voyait flotter, dans un lointain indécis, les bizarres figures avec lesquelles il avait joué depuis vingt-quatre heures une si joyeuse comédie.

FIN DES 24 HEURES D'UN PROVINCIAL A PARIS.

L'HOMME DÉCAPITÉ

Roman en deux cauchemars.

AVIS AU LECTEUR.

La littérature extravagante a-t-elle fait son temps? nul ne pourrait l'affirmer. Quoiqu'il en soit voici un des plus beaux échantillons de cette littérature dont le succès est incontestable. Le récit que nous publions aujourd'hui nous paraît être un des chefs-d'œuvre du genre.

Le lecteur est prévenu. qu'il s'attende à tout.

I

C'était par un jour d'orage; au mois de novembre. Orage d'autant plus formidable qu'il n'y en a jamais dans cette saison. Mystère! Le ciel était tendu d'une peau blafarde, crevée de temps en temps par des tisons de feu. La terre était sombre, abîme en dessous, abîme en dessus; un étouffement; la nature râlait!

Sur une route inondée galopaient deux chevaux, traînant un char à quatre roues chargé d'un coffre long et étroit. Ces chevaux étaient lugubres, ce char était atroce et rendait des sons comme des hurlements, un rire de bête; c'était une sauvagerie roulante.

L'équipage se glissa sous la porte cochère d'un château hideux, entouré d'arbres échevelés, des arbres fous et secoués par le vent. Dans la cour le char s'arrêta, un homme en descendit, deux êtres pâles vinrent à lui. On fouilla la voiture ferrée; on en retira une bière et ces trois hommes la portèrent dans une salle basse où il y avait grand feu; un brasier qui rotissait un marcassin écorché.

La bière posée sur un établi de chêne, l'homme de la voiture resta seul. Il ouvrit le cercueil, il y prit le cadavre entre ses bras ; d'un coup de pied il envoya la bière au bout de la salle et il étendit le corps sur la table de chêne. C'était grave et triste ; les goules de bois sculptées sur un bahut voisin, en riaient à gorge déployée.

L'homme était vêtu de gris, il portait de grandes lunettes rondes sur un nez trognon, sa bouche lui fendait le visage, son crâne dénudé et luisant ressemblait à un rocher d'ivoire. Il mit le cadavre sur le dos et détacha avec une adresse de singe les bandeaux qui serraient le cou, puis regardant autour de lui, il dit tout bas :

— Ça a pris !

Il rebanda le cou du supplicié et alla retourner le marcassin embroché qui grillait et fumait devant la braise.

Une heure s'écoula, lugubre, un siècle d'angoisse ! Tout à coup le cadavre bondit sur la table de chêne ; l'homme bondit sur le cadavre et, lui ouvrant la bouche, il souffla dedans. Le mort bondit de nouveau ; l'homme bondit sur le ventre du mort et le comprima atrocement. Le mort bondit à terre, les coudes en arrière ; l'homme aux lunettes rondes bondit sur le sol, les bras en avant.

Le corps ranimé se dressa contre le mur et là les trous de ses yeux se remplirent d'étincelles. Il aspirait et soufflait l'air ; c'était rauque et terrible ; un soufflet de forge. Tout à coup le mort parla et montrant le poing au docteur en lunettes il lui cria :

— Ah ! scélérat, tu m'as ressuscité ? attends.

Et courant sur lui, il le tua raide d'un coup de poing sur le crâne.

— C'est bien fait ! dit alors une voix féminine, timbrée et perlée, qui venait d'une lourde tapisserie servant de portière.

— Madame ou mademoiselle, reprit le ressuscité, n'entrez pas, je suis nu; permettez que je fasse ma toilette.

Et sans perdre un instant il s'empara de la défroque du docteur mort et s'en revêtit. Le mort dépouillé ne dit mot. Mystère!

— Qu'en vais-je faire? dit à haute voix le supplicié.

— Parbleu! reprit une belle jeune fille en s'avançant, fourrez-le dans votre bière et allons l'enterrer dans le jardin. C'est plein de fosses, il y en a de toutes faites en cas de besoin.

— Tiens! tiens! dit l'inconnu, mais vous êtes charmante, vous.

— Moi? reprit-elle, non, je suis perverse, entendez-vous?

— Commençons par enterrer *monsieur*, dit le ressuscité, nous causerons après.

En deux tours de main le corps du docteur fut mis dans la bière, porté dans le jardin, fourré dans un trou et recouvert de terre. Cela fait, le ressuscité et la jeune fille revinrent au salon et s'assirent en face l'un de l'autre.

- Ainsi, dit-elle, c'est fini! le vieux gredin est enterré et vous êtes devenu mon oncle, car je suis sa nièce. Enchantée d'être délivrée de lui... je suis très-perverse.

— Il paraît que c'est là votre refrain.

— Oui, j'ai tous les instincts du crime. Le mauvais drôle d'oncle que j'avais ne valait pas mieux que moi. Seulement il était le maître de la maison et me tenait en esclavage. Maintenant c'est vous qui serez l'oncle à moi, le *médecin des suppliciés*, car il se nommait ainsi. Seulement c'est moi qui dominerai ici, vous serez l'instrument, moi la pensée, le guide. Je sais où sont tous les trésors du vieux gredin, je connais tous ses secrets et tous ses remèdes, toutes ses drogues, tous ses poisons... oh! je vais m'en donner du plaisir!... je suis très-perverse!

— C'est connu, dit le ressuscité.

— Oui c'est connu ! répéta une voix sombre, une grosse voix d'homme.

Un grand nègre entrait dans la salle basse, il reprit :

— J'ai tout vu ! Ah ! vous croyez que cela se passera comme ça.

— Tais-toi, imbécile, répliqua la jeune fille, et s'adressant au ressuscité qui commençait à gesticuler ; ne faites pas attention, dit-elle, c'est le domestique du défunt, c'est votre domestique maintenant, un faux nègre, il a été forçat, il s'est évadé. Le docteur l'avait pris à son service, il l'a barbouillé, en nègre ; avec un pot d'eau chaude, je le rendrai à sa couleur ; un blanc terreux, un visage de chinois pain d'épice. Va-t-en, canaille !

— Je vengerai mon maître, dit le nègre. J'ai été au bagne, c'est vrai ; mais aujourd'hui je suis honnête homme et je poursuis les gredins, les gredines, les canailles et les canaillons. Malheur à vous !

— Tais-toi, bélître ! répliqua la jeune fille, respecte mon nouvel oncle et obéis-moi. Si tu rechignes je te fais rentrer au bagne, tu sais que j'ai des protections ! Va, vieille bourrique ; mets le couvert. Dis qu'on serve le souper, j'ai faim et mon nouveau compagnon aussi. Le marcassin est cuit. Va chercher des foies gras, une volaille et des truffes ; apporte dix bouteilles de vin vieux et du fruit, fais préparer du café et sers-nous du rhum, du kirch et de la chartreuse ; sans oublier les cigares, fine Havane. Va, forçat numéroté, il nous faut ripailler et faire chère lie, joie, ivresse et bombance. Mais va donc, ou je prends ma cravache.

— Cette fille est adorable ! dit le supplicié.

— Perversité ! murmura le nègre en obéissant comme un chien aux ordres donnés.

Dix minutes après le couvert était mis et le souper servi. La jeune fille se mit à table et indiqua au supplicié la place vis-à-vis d'elle. Le nègre avait revêtu sa livrée et se tenait debout pour servir, ganté de blanc et la serviette à la main.

— Nous pouvons causer en paix, dit la demoiselle, le château est fermé comme une place forte, il fait un temps de loup et tous les diables dansent en rond. Comme vous avez faim? ajouta-elle.

— Parbleu! dit l'autre, si vous croyez que le métier qu'on m'a fait faire depuis ce matin au lever de l'aurore, ne creuse pas un peu l'estomac!

— Oh! plaignez-vous! ajouta la belle jeune fille, on vous a tranché la tête... Eh! bien, et puis.

— Merci! ce n'est peut-être rien du tout?

— Et puis on vous l'a racommodée.

— C'est vrai, est-ce solide au moins?

— De quoi vous occupez-vous?

— Mais cela m'intéresse un peu.

— Docteur, mon oncle, reprit la demoiselle: trois choses dans la vie: fuir le chagrin, chasser la maladie et prendre le plaisir partout où on le trouve.

— Vous êtes un grand philosophe, dit l'autre

— C'est possible, mais je suis' très-perverse. Oh! le crime!... dites donc, vous devez savoir ce que c'est que le crime, vous qu'on a...

— Oui, reprit le supplicié, mais de grâce ne rappelez pas ces choses-là et soupons gaiment; qui sait si je ne rêve pas et si je ne me réveillerai pas dans ma fosse?

— Mais, triple niais, dit la demoiselle ; c'est l'autre qui y est. Par exemple, il n'avait pas prévu celle-là; vous *la lui avez faite à l'oseille.*

— N'est-ce pas? je commence à avoir moins faim, mais j'ai le gosier très-sec...

— C'est donc bien raccommodé? ajouta la nièce.

— Mais j'aime à le croire, dit le supplicié en portant légèrement la main à sa cravate. Me ferez-vous l'amitié de me dire, mademoiselle, le nom de ce châ'eau? où sommes-nous ici?

— Qu'est-ce que cela vous fait? êtes-vous bien? avez-vous bien soupé?

— Sans doute, mais encore...

— Monsieur, dit le nègre qui osa prendre la parole, vous êtes au château de...

— Un mot de plus et je te tue! riposta la demoiselle en sortant un pistolet de sa poche.

— Hola ! s'écria le ressuscité.

Le nègre poussa un gémissement profond et servit le café.

Dans ce moment la grosse horloge de l'escalier se mit à sonner, les dogues de la cour lui répondirent par des grognements et un long miaulement de chat fit écho à la voix des chiens. La pluie fouettait les vitres et le vent secouait les volets extérieurs, un grincement de ferraille annonçait que les girouettes causaient entre elles sur le toit. Au dehors la nature pleurait ; au dedans le crime buvait et chantait. Satan riait dans le brasier de la haute cheminée. C'était une nuit violente et lugubre. Les bougies de la salle lançaient des lueurs rouges, et, de temps à autre, les vieux meubles de chêne rendaient des craquements atroces.

Le ressuscité s'efforçait de se griser avec du rhum pour se donner du cœur. Le nègre avait disparu dans l'ombre ; noir dans le noir ! un évanouissement !

Quant à la demoiselle, elle riait aux éclats et frappait de joie ses belles mains blanches dont les doigts étincelaient de diamants.

— Quel bonheur ! s'écriait-elle. Voici bientôt minuit, l'heure des spectres. Oh ! nous en verrons de rudes cette nuit. Quelle sarabande ! c'est plein de morts ici. Il y en a qui dansent des polkas et des schottish comme des Hongrois et des Ecossais ivres. Je vous préviens que si on danse un cotillon, c'est moi qui le mènerai. Et vous, seigneur décapité?...

— Moi? reprit celui-ci avec un rire convulsif, moi je danserai aussi, belle princesse.

— A la bonne heure. Voyez, mon cher, quand on eu comme vous le petit agrément d'aller faire un tour dans l'autre monde, on doit sauter de joie de revenir dans celui-ci. J'ai connu un ressuscité qui se pinçait jusqu'au sang pour s'assurer qu'il s'était rattrappé à la vie ; il en devint fou ; il gambadait avec fureur ; il cassait tout dans son délire joyeux, et il devint tellement incommode que je me vis obligé de le chloroformer. Il ne bougea plus. Mon oncle me fit une scène, mais il enterra le danseur devenu raide comme un pieu. A votre santé. C'est du kirsch-waser de la Forêt-Noire. Je bois au défunt et à tous les défunts du jardin. Docteur, reprit-elle, vous ne buvez pas à votre prédécesseur ?

— Si, parbleu ! répondit-il. Mais, dites-moi, mademoiselle. M'a-t-il laissé beaucoup d'argent ? J'adore les capitaux.

— Mon cher, il ne vous a rien laissé du tout. Mais en ma qualité d'héritière, j'entre en possession de coffres d'or et de portefeuilles remplis de billets.

— Où sont-ils ? ma chère demoiselle. Où les a-t-on mis ?

— Où on les a mis ? riposta la donzelle. Êtes-vous curieux ! Vous ne le saurez pas, et si vous cherchez à les découvrir, je vous brûlerai la cervelle.

— Est-elle gentille ! Décidément voulez-vous me dire votre nom ?

— C'est plutôt vous, jeune gueux, qui allez me dire le vôtre. Car enfin, on vous a apporté ici dans une bière, on vous a recollé le *melon* sur les épaules, mais je ne vous connais pas. Voyons, dépêchons, et contez-moi votre petite histoire.

— Mon histoire ? dit le convive. La voici en deux phrases et quelques mots. Je suis né à Paris, je ne sais où et de je ne sais quels parents. Mon plus lointain souvenir date d'une pension où on m'élevait durement. Battu comme plâtre, mal nourri, n'apprenant pas grand'chose, je me sauvai un jour avec un de mes compagnons. Je pouvais avoir quatorze ans. Il y a de cela vingt ans. Donc j'ai trente-quatre ans.

— Un bel âge! dit la demoiselle. Continuez, jeune coquin.

— Pas si jeune, mais n'importe, reprit l'autre. Mon compagnon et moi embrassâmes la noble carrière du vagabondage. Les Halles nous donnaient un gîte, nous nourrissaient tant bien que mal ; les poches des passants fournissaient à nos menus plaisirs. Nous vécûmes ainsi deux ans sans correctionnelle. Le hasard est si drôle! A dix-sept ans on me coffra. Mon compagnon disparut. A vingt ans on me relâcha. Cette fois je boudai les villes et je courus les mers. On me prit à bord d'un navire qui partait pour la Californie. Je fus reçu en qualité de secrétaire d'un industriel allemand qui allait faire du commerce à San Francisco. Je connaissais l'allemand, l'anglais et ma langue. J'en avais donc trois dans la bouche ; pardon du calembour. J'écrivais comme un maître d'école. Qui m'avait appris tout cela? Moi, en prison. Oh! la prison, ça forme!

— Diable! reprit la demoiselle. Et vous n'avez pas eu le prix Monthyon?

— Non. Arrivé en Californie, mon premier soin fut de voler mille francs à mon Allemand et de me sauver aux *placers*. Là, je fis merveille ; je trouvai de l'or à gogo. Quand je revins à San Francisco, mon Allemand, qui m'avait dénoncé, me fit *pincer*, et je fus condamné à être pendu. En effet on me pendit à un arbre. Mais l'*artiste* chargé de me pendre savait que j'avais de l'or caché quelque part et il me dépendit encore vivant. Je récompensai mon bienfaiteur et je me sauvai d'un pays où le code criminel ne connaît qu'un seul genre de peine : la pendaison. Je parvins à m'embarquer pour l'Eu-

rope avec mon sac d'or. Mon bâtiment faisait voile
pour Naples. Nous arrivâmes à bon port. Ah !
voilà un beau pays ! C'est le paradis des paresseux.
Et puis on y vit pour rien. A Naples je devins
amoureux d'une marquise. Elle partagea mon
amour ; mais j'eus la fantaisie, un jour, de parta-
ger ses bijoux et je me sauvai avec vingt mille
francs de diamants. Déguisé en recteur anglais, je
m'embarquai pour l'Egypte. J'avais fait provision
de bibles. A Alexandrie je me mis à faire de la pro-
pagande et je distribuais mes petits livres, lorsqu'un
jour, me trouvant seul à seul avec une dame
grecque, je lui persuadai de se laisser enlever. Nous
partîmes, mais on nous *pinça* au moment de nous
embarquer. Or, la dame appartenant à un turc haut
gradé, je fus condamné à avoir la tête tranchée.

— Numéro un ! dit la demoiselle.

— Oui, numéro un. Mais au moment où le grand
coquin de nègre chargé de mon affaire allait m'allonger un coup de sabre, un chien enragé entra dans
la cour et le mordit. Tout le monde se sauva et
moi avec tout le monde. Mon premier soin fut d'aller retrouver mon sac et mes diamants que j'avais
cachés et le lendemain je prenais passage sur un
paquebot en partance pour la France, ma belle patrie. J'abrége ce discours. A Marseille, je lais-
sai le moins d'argent possible à l'auberge et
une foule de malédictions à la cité des Phocéens.
Impossible de travailler dans ce pays-là ; ils sont
tous méfiants comme des grenouilles au bord d'un
étang. A Lyon, je fis connaissance avec une opu-
lente bourgeoise qui partait pour Paris pour négo-
cier une liasse d'actions de toutes les nuances. Je
la débarrassai de ce soin et je pris le portefeuille à
mon compte. On ne m'arrêta point et je pris le chemin de fer d'Orléans. Rien à faire dans la cité de
Jeanne d'Arc ; maisons fermées comme des coffres.
On se couche à huit heures du soir. Enfin, j'ar-
rivai à Pasis, la ville du luxe, de la politesse et du
bon goût. J'eus *celui*, en arrivant, de soûler un An-

glais à Mabille, de le ramener ivre-mort chez lui
et de lui enlever le trop plein d'un tiroir bourré de
bank-notes. Je n'entendis plus parler du noble in-
sulaire. Cependant ma bourse commençait à s'ar-
rondir, mes affaires prospéraient. Je voulus aller
dans le monde. J'y fus présenté. Au bout de huit
jours. j'étais lié d'une amitié étroite avec une
jeune *pieuvre* qui était en train de dévorer un vieux
archimillionnaire. Elle avait un testament en
bonne forme. Le vieux durait trop longtemps.
Elle m'exprima à ce sujet des regrets si touchants
et elle me fit entrevoir une perspective si riante
après décès, que, ma foi, un jour pour plaire à cet
ange, j'étranglai le vieux, en soupant tête à tête
avec lui. Voilà ma dernière bêtise. On m'accusa,
on m'arrêta, on me jugea. on me...

— Guillotina, dit la demoiselle. Et la *pieuvre* ne
chercha pas à vous sauver?

— Bast! elle pleura le vieux pendant huit jours,
et elle me couvrit de malédictions devant M. le
juge d'instruction. Aujourd'hui elle se promène sur
huit ressorts au lac et ne manque pas une course.

— Pauvre ami! cette fille n'avait pas de cœur!

— Pas trop, mademoiselle, reprit le convive.
Vous savez maintenant l'histoire de ma vie. Il n'y
a que mon nom que j'ai oublié de vous dire : je
m'appelle le chevalier Waldec; c'est ainsi que l'on
m'inscrivit sur le registre de ma pension.

— Un joli nom! ajouta la jeune fille. C'est dom-
mage que vous ne puissiez le conserver.

— Et pourquoi?

— Tiens! n'avez-vous pas été décapité?

— C'est vrai, j'oubliais. Maintenant, mademoiselle, vous savez qui je suis, ce que j'ai fait, ce que
je veux... soyez assez aimable à votre tour pour
me dire où je suis, avec qui je suis et ce que je
vais devenir.

— Ce que vous allez devenir, jeune brigand?
reprit la belle; mais je ne suis pas sorcière. Tout
ce que je puis vous affirmer, c'est que vous héritez

du nom et de la science de mon oncle et que vous ferez fortune si vous m'obéissez aveuglément. En attendant, vertueux chevalier, préparez-vous à danser une sarabande avec tous les diables de l'enfer. Minuit va sonner ; je vais me mettre au piano et l'incantation va commencer.

Un grand piano à huit octaves et à queue était placé dans un angle de la salle. Il était vieux mais superbe ; en acajou massif, avec des cuivres dorés et monté sur des pieds de griffons. La demoiselle l'ouvrit et posa ses deux mains sur le clavier. L'instrument mugit comme l'ouragan. Dans ce moment là, la grosse horloge de l'escalier sonna les heures. Le piano répondait par des accords effrayants. C'était un duo sinistre. Au dernier coup de minuit, le piano lâcha toute sa bordée de roulades foudroyantes. Alors, les lampes de la salle s'éteignirent et le brasier de la vieille cheminée lança des flammes verdâtres. Un bruit de tempête ébranlait le château. Des cris déchiraient l'espace ; des cliquetis de fer, des sifflements, des rires et des aboiements partaient de tous côtés. Le charivari était immense, mais le colossal piano dominait toutes les clameurs et chantait une valse furibonde. Une grande fenêtre s'ouvrit toute seule avec fracas, et des formes blafardes entrèrent dans la salle ; vapeurs ou ombres, ces formes s'élevaient, s'abaissaient et rôdaient en tourbillon. Le piano allait toujours et la sarabande suivait la mesure. Tout à coup, au milieu des spectres, apparut un corps maigre, vêtu d'un rideau rouge qu'il avait sans doute arraché à la fenêtre, pour ne pas être nu en entrant dans la salle. Il avait une tête effroyable, lançant des lueurs par les yeux et riant comme les damnés. A cette vue, un grand cri se fit entendre ; c'était le chevalier Waldec qui avait poussé ce cri. Il avait reconnu le docteur, et saisi d'épouvante, il courait à toutes jambes de tous côtés. Mais le spectre s'était attaché à sa poursuite, et tournait avec lui dans ce galop général, les mains tendues et comme voulant arracher la tête des épaules du pauvre diable. Celui-ci hurlait. Le piano devenait épouvantable d'ironie bruyante; il riait et encourageait le véloce docteur, qui ne cessait de vouloir attraper la tête de son ennemi.

— Il l'aura!

— Il ne l'aura pas!

Criaient de toutes parts avec des éclats de joie la bande des spectres en tournant toujours.

Enfin, l'ardent foyer s'éteignit tout à coup. La nuit noire tomba dans la salle. Le silence se fit et tout parut mort, foudroyé. Plus rien ; le néant, le vide et l'ombre ! Combien de temps dura cet anéantissement ? Nul ne le saura jamais.

Une lueur blanche succéda à ces ténèbres. La pluie tombait par torrents et le vent sifflait dans la forêt. C'était le jour qui se levait. La salle était vide. Quand le chevalier revint à lui il se trouva étendu de tout son long sur le pavé, au pied d'un énorme bahut de bois d'ébène. Son premier mouvement fut de porter les mains à sa tête :

Elle y était !

— Cette étrange aventure qui ressemble fort au récit d'un cauchemar eut une suite que nous donnons au lecteur, en le prévenant que la scène change et que, si l'action paraît entrer dans le domaine de la réalité, elle pourrait bien n'y être pas encore. —

(Note du Narrateur.)

II

Dans une des chambres élégamment meublées d'un des hôtels garnis, situés sur le boulevard des Italiens, un voyageur, arrivé très-tard de la veille, dormait encore profondément à huit heures du matin. Il n'y avait là rien d'étonnant. Mais le sommeil de notre voyageur, avait cela de particulier, qu'il lui laissait la conscience de ce qui se passait dans l'appartement. Ces cas de demi-somnambulisme ne sont pas rares. Il est même des gens qui prétendent avoir composé, en dormant, des chefs-d'œuvre qui auraient fait dix fois leur fortune, s'ils avaient pu se les rappeler en s'éveillant. Espérons qu'un jour le monde invisible remplacera celui-ci. Les sots n'y perdront pas et les *toqués* y gagneront.

Or, le voyageur qui dormait d'un si bon somme était un gentilhomme français, d'assez bonne maison et d'assez belles manières (quand il était habillé, entendons-nous), mais grand coureur d'aventures. Il arrivait de Bade, et il y avait gagné au jeu une somme assez ronde ; de quoi passer à Paris un hiver dans la soie, l'or et les fourrures.

La pendule de la chambre à coucher sonnait huit heures, lorsqu'un *monsieur*, vêtu de noir et chauve comme il n'est pas permis de l'être, entra dans l'appartement et se dirigea droit vers le lit du dormeur. Chose étrange, le monsieur très-chauve était suivi de deux personnages très-chevelus et noirs, portant un cercueil de chêne qu'ils déposèrent sur le tapis au milieu de la chambre. Le chauve ouvrit brusquement les rideaux, regarda le dormeur toujours immobile et comme cloué sur le lit par un sommeil de plomb ; il lui passa la main sur le cœur et se prit à réfléchir. Une minute après, il tira sa montre ; puis il sortit de sa poche un petit miroir et il en approcha la glace de la bouche du dormeur.

— Ou je suis un âne, dit-il tout à coup, ou cet homme n'est qu'endormi.

— Sacrebleu ! s'écria dans ce moment-là l'hôtelier de la maison en se précipitant vers l'alcove, sacrebleu ! docteur, que faites-vous ici ? ah ! les bélitres ! vous vous êtes trompés de numéro ; double millions de tonnerres, emportez-moi ce coffre...

Vous perdez mon hôtel de réputation !...

Le docteur, c'était le médecin des morts, avait filé sans demander son reste, suivi par les deux employés des pompes qui avaient rechargé leur *meuble* sur leurs épaules.

Restait l'hôte tout contrit et confus qui s'inclinait bien bas devant l'alcove et se confondait en excuses. Mais quelle ne fut pas sa surprise et même sa joie lorsqu'il s'aperçut que son honorable voyageur dormait d'un profond sommeil et ne s'était pas réveillé du tout au milieu de la scène qui venait de se passer.

— Rien vu et rien entendu ! se dit M. l'hôte en se retirant sur la pointe des pieds. Je n'ai donc pas d'excuses à faire à ce riche voyageur. Mais le docteur est un âne…. ne tirait-il pas sa glace pour l'appliquer sur la bouche d'un homme qui ronflait !

La pendule sonnait huit heures et demie lorsqu'un garçon de l'hôtel vint allumer du feu dans la chambre du voyageur, selon l'ordre qu'il en avait reçu la veille. La flamme pétilla et sa clarté rose, inondant l'alcove, éveilla subitement le dormeur qui se jeta à bas du lit et courut se mirer dans une glace, tenant sa tête dans ses mains, au grand ébahissement du garçon d'hôtel.

— Eh ! monsieur , que faites-vous ? demanda celui-ci.

— Je tiens ma tête, reprit le voyageur en chemise d'une voix rauque et l'air effaré. Qui est ce médecin au crâne d'ivoire qui est venu me regarder dormir ? pourquoi ce cercueil au milieu de ma chambre ? ah ! je voyais tout les yeux à moitié ouverts, j'entendais tout et pourtant je dormais. L'affreux cauchemar !

— Monsieur, reprit le garçon, c'est une méprise; La *chose* n'était pas pour vous.

— Pour qui était-elle ? demanda l'homme en chemise en cherchant un pantalon et ses pantoufles que le garçon lui donna. Pour qui était-elle la *chose* ?

— Pour le numéro 27, au-dessus.

— Tu lui en feras bien mes compliments, reprit le voyageur qui commençait à se remettre. C'est égal ! Vous avez là, dans votre hôtel, une vilaine tête de médecin ; ce crâne jaune et luisant…. ce visage de coquin fieffé.... me rappelle.... mais c'était un cauchemar, n'en parlons plus. Est-ce qu'on doit croire aux rêves !

— Non, mon ami, non, dit quelqu'un qui entrait. Eh ! bien, te voilà arrivé ! j'ai reçu ta lettre hier au soir et me voilà au rendez vous. T'es-tu bien reposé ? as-tu bien dormi ?...

— J'ai trop dormi, mon cher Tiberge, répondit le voyageur en serrant la main de son ami. Mais bast ! je te conterai cela. Ne songeons qu'à déjeuner ensemble.

— Tu as fait à Bade un coup de maitre. Tous les journaux en ont parlé.

— Les bavards ! ils veulent donc me faire assassiner !

— Allons donc ! dit l'ami. On n'assassine que dans les feuilletons. Cher ami, je te trouve triste.. Moi qui te croyais guilleret comme un pinçon !

— Ça reviendra ! ça reviendra, continua le voyageur en faisant sa toilette. D'abord, mon cher Tiberge, tu vas commencer par répondre à mes questions. Où me conduis-tu ce soir ? Tu m'as écrit qu'à mon arrivée à Paris tu me présenterais à...

— A Kora. Une superbe fille rouge qui raffole de toi.

— Tu as peur ?

— C'est que j'ai eu un rêve, un cauchemar où le rouge dominait. Comment ta beauté peut-elle s'affoler de moi ? je ne l'ai jamais vue.

— Je lui ai montré tes lettres et ta photographie.

— C'est bien. Qui voit-on chez elle ?

— La meilleure mauvaise compagnie de Paris. Des femmes à huit ressorts ; des cocotes ruisselantes de diamants ; des biches empaquetées de dentelles d'Angleterre. Mon cher, les duchesses n'ont plus le sou et les marquises raccommodent leurs bas, aujourd'hui le demi monde seul est millionnaire.

— Que fait-on chez Kora ?

— On joue, on danse, on soupe et le reste.

` — Et le reste ? cela me va. Nous dînerons en
semble et nous irons chez ta déesse rouge.

— Tu n'en as plus peur ?

— Au contraire, mais je me révolte par pol
tronnerie. A-t-elle des parents ?

— Un oncle, médecin.

— Médecin ? un oncle ? serait-il chauve ?

— Comme un gros œuf d'autruche.

— Voilà ma peur qui me reprend. Mon cauche
mar était chauve...

— Eh ! va te promener avec ton cauchemar ! par
tons. Nous ferons des courses dans Paris ; nous
achèterons, avec ton argent, tout ce qui nous
manque ; nous dînerons chez Bignon et puis en
route pour le bois de Boulogne. La rouge beauté
qui t'adore demeure à l'entrée du bois.

Les deux bons amis, qui avaient fait louer un
remise à la journée, quittèrent l'hôtel et partirent
gaiement pour leur voyage autour des plus riches
magasins de Paris. A six heures, ils étaient à table
au restaurant Foy. A huit heures, ils prenaient du
café chez Tortoni ; à dix heures, ils achevaient
chez eux leur toilette ; à onze heures ; ils prenaient
le chemin du bois de Boulogne ; à minuit, ils faisaient leur entrée dans le salon de Kora la rouge,
où dix femmes à la mode et une trentaine de beaux
fils se trouvaient réunis.

La présentation du chevalier Waldec avait eu
lieu selon toutes les formes du demi-monde. Un
salut d'abord et immédiatement après une poignée
de main. Seulement le chevalier, en voyant Kora,
laissa échapper une exclamation mêlée d'admiration et d'effroi. Il venait de reconnaître la jeune
fille de son cauchemar, la nièce du docteur, du
médecin des suppliciés. De son côté, Kora avait
en quelque sorte reconnu Waldec et lui avait dit à
voix basse :

— Vous m'aimerez un peu, je suis... très-perverse !

Le chevalier Waldec sentait déjà que sa tête se

perdait. Il chercha son ami Tiberge, mais celui-ci avait disparu. Il prit le parti de s'asseoir dans un fauteuil un peu à l'écart, le regard errant et l'air hébété, comme un homme stupéfié d'étonnement et qui s'attend à tout. Quand il se retourna, il vit un homme d'un certain âge assis à côté de lui. Cet homme était chauve, son crâne, bien développé, luisait aux bougies comme l'ivoire; les gens qui passaient près de lui lui disaient :

— Bonjour, docteur, combien aujourd'hui?

— Trois, dont un décapité; je l'ai acheté trente francs.

Le chevalier Waldec voulut se lever, et s'esquiver au plus vite. Impossible; il était comme cloué sur son fauteuil; le docteur, assis près de lui, le regardait d'un air narquois. On allait et on venait dans le bel appartement de Kora; la causerie était fort animée et il régnait dans toute cette folle compagnie un laisser aller, un sans gêne dont les salons des femmes comme il faut ne peuvent se faire une idée. Le chevalier Waldec, toujours cloué sur son fauteuil, assistait, comme un spectateur de l'orchestre, à cette scène tumultueuse et variée à l'infini. Il vit deux femmes ravissantes qui faisaient le tour du salon s'approcher du docteur et lui parler à voix basse.

— Non, mes petites bichettes, répondit celui-ci; je ne veux pas que vous voyez cela, dans l'intérêt de vos nerfs, je ne le veux pas.

— Mais si, mais si, docteur, reprirent-elles.

— Non. Vous ne savez donc pas ce qu'est une tête coupée? Non, je ne vous recevrai pas dans mon laboratoire.

Elles s'éloignèrent avec un air boudeur qui les rendait encore plus jolies. Waldec sentait une sueur froide qui lui gagnait le front; enfin, réunissant toutes ses forces et son énergie, il se dressa sur ses jambes et passa rapidement dans le salon voisin, au milieu duquel on avait établi une grande table de jeu, une longue table ovale au centre de laquelle brillait dans tout son éclat le cylindre de la roulette.

— Diable ! se dit à lui-même le chevalier, c'est comme à Bade; avec cette différence que, si la police nous déniche ici, nous pourrons bien, demain matin, aller répondre aux questions d'un juge d'instruction, ordinairement très-curieux.

Mais un monsieur en habit noir, dont la boutonnière était parée d'une rosette multicolore et dont les mains brillaient sous le feu de deux bagues en diamants, un monsieur très comme il faut, annonça que le jeu était ouvert, qu'il *était* fait, que *rien n'allait plus*. Il donna au cylindre le mouvement de rotation et à la bille le coup de doigt qui déterminent la partie engagée. On gagna d'un côté, on perdit de l'autre. Le chevalier ne s'en inquiéta point. Ce qui absorbait toute son attention, c'était les deux grands yeux bleus de Kora braqués sur lui et ses belles mains blanches qui lui faisaient des signes pour aller à elle. Waldec marcha autour de la table et s'approchant du fauteuil de l'enchanteresse :

— Je ferais beaucoup mieux de m'enfuir d'ici, lui dit-il.

— Tiens! tiens! reprit la charmante fille, vous êtes gentil !

— Je suis fou, répliqua-t-il. Puis-je vous dire un mot à l'écart ?

— Certainement, dit Kora en se levant et en lui prenant le bras.

Ils allèrent tous les deux causer tête à tête dans un joli petit boudoir tendu de satin couleur jonquille, au bout de l'appartement.

— Eh bien! dit Kora, où en sommes-nous? Vous m'aimez ?

— Je vous adore, reprit Waldec, et j'ai de vous une peur horrible!

— C'est toujours ainsi que ça commence avec moi, reprit-elle. Je grise, à ce qu'il paraît, et je fais peur; probablement parce que je suis très-perverse.

Le chevalier, à ces paroles bien connues de lui, lâcha la belle main qu'il tenait dans la sienne et jeta sur Kora la rouge un regard effaré.

— Comme vous me regardez, dit-elle. Je suis assez bonne diablesse cependant. Voyons, arrangeons nos petites affaires. Pour combien de temps serons-nous ensemble?

— Toute la vie! répliqua le chevalier d'une voix éteinte par l'émotion.

— Oh! ce serait bien long! reprit-elle. Vous vous en feriez mourir. Et puis, cher ami, vous n'avez peut-être pas des millions. Pourtant on dit que vous avez gagné pas mal d'argent à Bade et à Hombourg. En avez-vous porté ce soir ici? Aimez-vous la roulette?...

— Ce que j'aime, c'est vous, Kora, répliqua-t-il en lui saisissant la taille.

— Doucement, dit-elle avec calme, vous allez me chiffonner.

Dans ce moment-là on entendit un redoublement de brouhaha dans les salons voisins.

— Kora! mademoiselle Kora! criaient quelques voix d'hommes. Arrivez donc!

— On m'appelle. Adieu, dit-elle; à tantôt.

Le chevalier Waldec n'avait eu que le temps de la presser dans ses bras et de l'embrasser avec passion. C'en était fait; il se sentit perdu.

Revenu au grand salon, il aperçut son ami Tiberge et il courut à lui :

— Mais qu'étiez-vous donc devenu? lui dit-il. J'ai besoin de vous parler.

— Me voilà. Vous avez l'air *tout chose*.

— J'ai l'air d'un aliéné, probablement. Tiberge, je suis venu ici pour mon malheur et j'ai une furieuse envie de m'enfuir pour aller me noyer.

— Parce qu'une des plus belles filles de Paris vous a proposé d'être son amant? Ah ça, mon ami, que vous faut il de mieux?

— La paix, le repos, reprit le chevalier. J'ai une fièvre de cheval. Tiberge, adieu. Je me sauve.

— Sauvez-vous. Kora en prendra un autre.

— Alors non. Je reste. Elle m'a brûlé. Tiberge, vous êtes responsable de ma raison.

— Par exemple ! Dans tous les cas nous avons à Passy le docteur Blanche. Vous serez chez lui en nombreuse et agréable compagnie. Oh ! il a des pensionnaires très-distingués : des artistes, des hommes d'Etat... Mais, tenez, je vous conseille d'attendre le souper. Rien ne rétablit l'équilibre du cerveau comme les poulardes truffées et le vin de Champagne.

— Monsieur Waldec, dit en passant une voix mélodieuse, vous ne jouez pas ?

— Si, au contraire, reprit-il. Je vais jouer avec enthousiasme ; cela me fera du bien.

— Faites sauter la banque, monsieur Waldec. Nous partagerons ; nous entrerons en ménage ; vous savez ?

Kora s'éloigna après avoir lancé au pauvre chevalier une de ces œillades qui donnent le frisson des pieds à la tête. Il s'approcha de la grande table verte et il regarda tourner le cylindre. Puis, se penchant vers son ami Tiberge qui l'avait suivi :

— Il faut absolument, lui dit-il, que j'aie le cœur net de mes doutes. Qui est, décidément, ce maudit crâne chauve placé là-bas au bout de la table et qui braque sur moi des yeux de tigre à travers ses lunettes d'or ?

— Lui ? répondit Tiberge, mais c'est l'oncle de Kora.

— Oui. Et après ?

— C'est le médecin des plus jolies et des plus opulentes biches de Paris.

— Après ?

— Un spécialiste des plus distingués et qui est à la recherche du secret le plus merveilleux et le plus profond du monde.

— Après, Tiberge, après ! Quel secret cherche à découvrir cet enragé docteur ?

— Rien que ceci : le secret de la vie. Ayant le

mot du mystère, le succès est certain. Le docteur ressuscitera les morts.

— Vous m'épouvantez, Tiberge.

— On dit déjà que ce grand spécialiste a obtenu de quasi résultats. Il a chez lui un laboratoire richement garni de têtes de suppliciés...

— Ah! murmura le chevalier à l'oreille de son ami. C'est donc l'homme de mon cauchemar et l'homme qui ce matin, quand je dormais, est venu me tâter, me prenant pour le mort de l'étage au-dessus du mien.

— C'est bien possible, reprit tranquillement Tiberge. Vous comprenez que le docteur ne néglige rien pour arriver au but de ses travaux; en vrai spécialiste, il a sollicité et obtenu de la ville de Paris une commission qui lui donne rang parmi les médecins chargés de constater les décès. Il est ce qu'on nomme *médecin des morts.*

— Ah! Tiberge!

— Et mieux que cela, les mauvais plaisants l'ont surnommé aussi le médecin des suppliciés.

— Adieu, Tiberge. Vous ne me reverrez plus ici.

— Vous vous sauvez? dit la voix de Kora. Et moi qui ai mis pour vous cinq cents francs sur la noire!

— Les voilà, reprit le chevalier. Perdus ou gagnés, il faut que je quitte cette maison.

— Et moi, ajouta la belle *biche* en se rapprochant, moi qui... t'aime!

Le chevalier Waldec, ramené à la table de jeu, vit que ses cinq cents francs étaient doublés. Kora qui lui tenait la main, l'empêcha de retirer son argent. Le cylindre tourna, la bille partit de nouveau; *noire, impair* et *passe!* cria le banquier du jeu. Les mille francs de Waldec en valaient deux mille.

— La veine est à vous, dit Kora. Laissez!

Quatre mille francs étaient l'enjeu du chevalier.

— Tout va! s'écria-t-il, en s'enivrant du regard bleu qui ne quittait pas son regard.

— Huit mille francs sont à vous, monsieur, dit le banquier. Laissez-vous ?

— Tout va ! répondit-il.

— Il est charmant ! s'écrièrent cinq ou six femmes en se pressant contre lui.

— *Noire, impair* et *manque* ! dit la voix du banquier. Laissez-vous les seize mille francs ?

— Tout va à la *masse* ! répétèrent les femmes et Kora qui, penchée sur son épaule, le grisait du parfum de son haleine.

Le cylindre tourna avec une rapidité vertigineuse ; la bille d'ivoire sauta avec folie, et le banquier s'écria :

—Noire ! trente-deux mille francs à vous, monsieur !

Dans ce moment-là, cinq ou six mains, les plus belles du monde, s'avancèrent vers l'amas de billets de banque ; et le chevalier, prit d'un rire convulsif, laissait faire ces mains aux doigts rosés ; quand tout à coup, Kora se jetant dans ses bras, s'écria en frissonnant :

— Ah ! tout est perdu !...

La porte du salon s'était ouverte brusquement, et un homme en habit noir, calme et fier, tenant à la main une écharpe tricolore qu'il montrait aux joueurs, dit d'une voix sonore :

— Au nom de la loi, j'arrête toutes les personnes ici présentes et je saisis toutes les valeurs déposées sur cette table !

Un immense cri d'effroi partit aussitôt ; et en même temps toutes les lumières du salon s'éteignirent à la fois. Un craquement se fit entendre ; on sentit le parquet du salon s'enfoncer comme dans un abîme. Mais, horreur ! le chevalier Waldec avait le cou pris dans une étreinte terrible ; une lame froide et effilée lui entamait la chair à la nuque ; le docteur chauve, le médecin des suppliciés, lui coupait la tête ; et cette tête (Waldec en avait la conscience) l'affreux docteur l'emportait.

Une énorme détonation éclata. Plus rien ! La nuit noire !

III.

EPILOGUE

Au mois de juillet dernier, par une riante matit née toute humide encore de la rosée de la nuit e-toute embaumée des arômes des bois et des herbages, je me promenais à cheval au bois de Boulogne, lorsque je rencontrai un de mes bons amis, M. le comte de ** que je ne nommerai pas par discrétion. Il montait un cheval superbe, mais qu'il paraissait ménager beaucoup. Le comte allait au pas de promenade et, penchant la tête, il avait l'air de rêver en regardant le sable de l'allée.

Je m'approchai de lui et m'informai de ses nouvelles. Il releva brusquement la tête et se ranima comme un homme surpris dans le sommeil.

— Vous voilà ! me dit-il Écoutez-moi, cher ami. Je me suis levé à cinq heures du matin ; j'ai demandé mon cheval et je me suis enfui de chez moi au galop pour venir ici respirer le grand air et m'inonder de soleil. Cette nuit en me réveillant j'ai cru que je devenais fou.

Le comte me raconta alors que depuis deux mois il lisait tous les soirs, avant de s'endormir, les feuilletons de deux romanciers célèbres, et que, la nuit dernière, il avait été la proie d'un cauchemar en partie double. Il m'en fit le récit que j'écrivis en rentrant chez moi.

Pendant ce rêve qui avait duré deux heures, le comte de ** s'était trouvé rajouni de vingt-cinq ans : il était devenu le chevalier de Waldec, le héros du roman, et il avait joué le principal rôle dans ce drame atroce et fantastique auquel nous donnâmes, en riant, le titre de : *l'homme décapité*.

FIN DE L'HOMME DÉCAPITÉ.

LA SALLE BRULÉE

CHRONIQUE DU PALAIS DES PAPES

EN PROVENCE.

AVANT PROPOS.

Le sujet de cette chronique connue dans toute la Provence, mais interprétée de cent manières, a été le motif du nom donné à une salle immense du château des papes à Avignon : La *salle brûlée*.

En effet, dans le château tel qu'il existe aujourd'hui, on retrouve encore cette salle célèbre, dont les parois et les voûtes portent la trace du feu.

Le *calendrier-notice* du comtat d'Avignon publié en 1761 donne quelques explications à ce sujet, mais incomplètes. Il a donc fallu chercher le vrai et le vraisemblable dans des traditions populaires qui se transmettent de race en race dans le beau pays de Provence et qui font le charme du foyer domestique, surtout dans les campagnes.

Dans les dernières années du quinzième siècle, sous le règne des Borgia, un légat de la cour apostolique, résidant à Avignon, surpassait de beaucoup ses prédécesseurs en despotisme et en magnificence. Ce vice-roi ecclésiastique avait pour principe, dit-on, d'effrayer et d'éblouir ; en outre, il frappait fort, en sorte que son gouvernement avait presque toujours dans ses actes quelque chose de foudroyant. Aussi monseigneur le légat était-il la terreur du pays. Ah! comme la bonne ville d'Avignon, reine délaissée, portait souvent ses regards attristés du côté de Rome! comme elle se souvenait avec attendrissement du beau temps de sa gloire, alors qu'elle

était la ville sainte et royale. Que de fois, par
exemple, le souvenir du règne tranquille et splen-
dide de Clément IV lui revint en mémoire !

Or, le légat dont nous parlons, avait une *maison
militaire* des plus formidables Sa garde suisse surtout, bardée de fer, faisait trembler les plus auda-
cieux.

Outre sa petite armée, le légat avait encore quelque chose, ou plutôt quelqu'un de terrible et méchant au-delà de toute expression : c'était un sien
neveu de vingt-deux ou vingt-quatre ans, qui réuni-
nissait à l'audace la plus violente les vices les plus
effrénés. Comment se nommait-il ? les uns disent
Rodolphe, d'autres, Astolphe, d'autres enfin, Re-
nold. Nous le désignerons par le surnom qu'on lui
avait donné, et nous l'appellerons Tête-de-Fer. Il paraît que ce bandit grand seigneur, d'une bravoure
redoutable dans l'occasion, avait reçu à plusieurs
reprises certains coups de hache d'armes, certains
coups de dague, qui, jamais, n'avaient pu entamer
ce crâne maudit que protégeait un casque, un *pot*,
selon l'expression du temps, d'une trempe aussi
infernale que celle de l'armet du diable.

Tête-de-Fer était grand, bien fait, robuste, auda-
cieux, brave, impudent, spirituel, beau, prodigue et
libertin avec délices. Il y avait des femmes dans ce
temps-là (il y en a même encore aujourd'hui), qui
auraient aimé un pareil *garnement,* si le méchant
drôle eût voulu d'un amour. Ce qu'il voulait, ce
qu'il recherchait avec frénésie, c'était des voluptés.
Le reste lui importait peu. Il riait des soupirs et levait les épaules à la vue des larmes.

Il arriva qu'un jour, par un beau soir du mois de
juin, Tête-de-Fer, traversant la ville d'Avignon au
galop de son cheval vigoureux et méchant comme
lui, il advint par malheur que Tête-de-Fer remarqua une fort belle dame penchée sur la rampe de
son balcon. La noble comtesse prenait le frais et
regardait passer dans le ciel les nuages roses et dorés, sans s'apercevoir que son mauvais génie la cou-

vait des yeux sous le balcon. Tête-de-fer avait en effet arrêté son cheval et se pâmait d'aise à voir la charmante jeune femme. Cependant il voulut attirer son attention. Comme il revenait de la promenade, il n'avait ce jour-là qu'un chaperon de velours sur la tête et sa grande dague pendue à sa ceinture. Que fit Tête-de-Fer? il prit son chaperon et sa dague, et les tenant d'une seule main :

— Madame, dit-il, les bras et la tête sont à votre service; quant au cœur, on dit que je n'en ai pas.

La noble comtesse, surprise au dernier point, rougit et pâlit en voyant ce démon à cheval qui se dressait sur les étriers pour voir de plus près ses pieds charmants et qui lui adressait la parole d'un air si effronté. Elle jeta sur lui un regard de dédain, fit une jolie petite moue et se hâta de rentrer au logis.

Malheureusement le comte, son mari, et un jeune homme fier et bouillant qui était son frère, virent et entendirent la Tête-de-Fer; ils allaient courir sur lui la dague au poing, lorsque le neveu du légat, se remettant en selle, ajouta à haute voix, en piquant de l'éperon :

— Par Satan! ma charmante belle, on risquerait la corde au cou pour t'embrasser!

Et il partit comme Roger sur l'Hippogriffe.

Le propos était insultant. Il fit bondir le cœur de l'époux et du frère. Ils se regardèrent entre eux et se comprirent parfaitement, sans se dire un mot. Il s'agissait de surprendre l'insolent libertin au moment d'une nouvelle incartade envers la dame et de lui faire payer cher sa scélératesse.

Les chaleurs de l'été arrivant, presque toute la noblesse d'Avignon déserta la ville pour les châteaux. Tête-de-Fer, qui, depuis le jour de l'aventure, ne rêvait que les yeux voluptueux, la bouche fraîche, la taille d'abeille, les cheveux noirs d'ébène emprisonnés dans une résille d'or, et toute la personne suave de la noble comtesse, Tête-de-Fer savait à merveille que le manoir féodal de la dame était situé près des rives du Rhône, dans un site solitaire et ombragé de grands chênes et de pins d'Italie. Plusieurs fois, escorté de quelques cavaliers armés jusqu'aux dents, il était allé errer autour de la châtellenie, à peu près comme un loup altéré du sang de quelque blanche brebis.

Un soir, à l'heure où la clarté des étoiles se mêle aux rayons dorés du soleil déjà disparu sous l'horizon, il vit dans un massif d'ombre une femme svelte se glisser légèrement. Il était en embuscade avec ses francs gens d'armes ; tout à coup, saisissant le moment ardemment attendu, il se jette à bas de son cheval, et sans plus de façon qu'un émérillon qui enlève une colombe, il s'élance vers la dame, la saisit, l'emporte vers son cheval, la place dessus, monte à son tour avec une incroyable vigueur et pique des deux, tenant sa belle proie à demi-pâmée d'effroi et la serrant contre sa poitrine. Les hommes d'armes le suivirent jusqu'à ce qu'il fût hors de portée de la châtellenie. Puis ils l'abandonnèrent à son heureuse étoile.

Le cheval du ravisseur, lancé à tous les vents, comme celui de la ballade de Léonore, franchit les ravins et les clairières, les torrents et les bois. Il s'enfonça dans l'ombre, galopa bien longtemps encore dans la nuit, et nul ne sut jamais où il emporta son maître et la noble victime.

Huit jours et huit nuits passèrent sans que monseigneur le légat revît son neveu. Il était dans une sombre inquiétude.

Personne ne paraissait. Les escadrons de monseigneur partaient et repartaient vainement du palais apostolique pour battre la campagne. Les hommes d'armes de la garde suisse avaient fouillé toutes les maisons, tous les couvents, tous les collèges, tous les moulins, tous les donjons, jusqu'au dernier recoin de la bonne ville d'Avignon.

Le légat tombait dans un désespoir terrible.

En vain le pieux évêque de la ville, en vain quelques doctes frères prêcheurs, dont le couvent était en si grand honneur, tentèrent-ils auprès de l'éminentissime légat quelques saintes consolations. Il les repoussait avec fureur, et les chassait le poing fermé, les dents grinçantes.

— Mon neveu ! mon neveu ! scélérats, rendez-moi mon neveu !...

Telles étaient les sombres paroles que les hommes d'armes entendaient toutes les nuits sous les voûtes ogivales des grandes salles.

Enfin, à l'aurore du neuvième jour, il se fit un grand bruit à la porte pontificale, la porte d'honneur du palais. On leva la herse, on abattit le pont. Un cheval passa au galop. Le pont fut relevé, et Tête-de-Fer, un instant après, était dans les bras du vieillard dont les sens défaillaient de surprise et de joie.

Le légat, revenu à lui, prit son neveu par le bras ; ses deux mains amaigries se crispaient en serrant le brassard d'acier du jeune cavalier.

—Viens, dit-il, viens me conter le guet-apens où ils t'ont pris ; viens me dire comment tu t'es échappé ; viens me donner leurs noms à tous, et demain tu verras autant de gibets dressés devant le palais.

A ces mots, il l'entraîna dans une chambre secrète, verrouilla la porte en dedans, et un grand silence succéda au bruit dans les gothiques galeries.

———

Dans un manoir seigneurial, sur la rive verdoyante du Rhône, à quelques lieues d'Avignon, une scène de désolation avait lieu. Une noble et jeune femme, couchée sur un grand lit de damas, adressait à sa famille ses derniers adieux. Elle avait été retrouvée par des pâtres, dans la forêt du Ventour, où elle avait passé plusieurs jours, retenue chez des bucherons vendus à un infâme ravisseur. Lui, après son rapt sacrilége, s'était lassé de sa victime et l'avait abandonnée à la pitié de ses hôtes ; il s'était enfui. Elle, folle de désespoir et d'horreur, après

plusieurs jours d'une détention forcée, elle, la belle
et pauvre dame, avait fui aussi l'abominable repaire
dès que la porte lui en eût été ouverte, et courant
par la forêt, elle était tombée presque morte de
fatigue et de douleur dans un ravin de la montagne.
Des chevriers l'avaient rencontrée; elle avait pu leur
dire son nom et celui de sa demeure. Ils l'avaient
ramenée au logis seigneurial.

Mais une fièvre ardente dévorait cette femme. Le
médecin avait perdu son dernier espoir; mais le prê-
tre de Dieu lui ouvrait le ciel en espérance. Elle était
d'une pâleur mortelle : ses yeux, beaux encore,
jetaient çà et là de doux rayons pareils à ceux d'une
étoile qui se voile sous les vapeurs matinales. Bientôt
ces regards si tristes s'éteignirent; l'agonisante ten-
dit sa main, sa noble main, à un homme qui san-
glottait au chevet du lit, et d'une voix lente et fai-
ble, elle lui dit :

— Je meurs tranquille, et même heureuse, puisque vous m'aimez, puisque vous croyez à ma par-
faite innocence dans ce qui est advenu. Mais, mon
ami, au nom de notre enfant, pardonnez comme
je pardonne....

Elle rendit le dernier souffle après ces paroles.
Cette âme candide et indignée alla se reposer
dans le sein de Dieu. A peine eut-elle expirée, que
le noble comte, son époux, à qui elle venait de
parler, appela autour du lit quelques seigneurs pré-
sents à cette triste scène, et là, tirant l'épée :

— Messieurs, dit il, jurons ici, sur le corps de cette
sainte, de tuer le scélérat qui l'a tuée.

Prenant son fils entre ses bras :

— Enfant, dit-il, étends aussi la main sur la tête de
la mère, et jure avec nous.

L'enfant obéit en jetant des cris de douleur. Six
épées se croisèrent sur le lit funèbre, et six fois on
entendit retentir ces mots : Je le jure par le ciel et
par l'honneur de mon nom.

— Bien ! Messieurs, reprit l'époux en remettant
sa dague au fourreau. Maintenant, rendons les der-

niers devoirs à la meilleure, à la plus noble, à la plus vertueuse des femmes.

La cérémonie se fit sans bruit, sans appareil. Cette mort fut annoncée dans le pays comme la conséquence d'une fièvre pernicieuse qui régnait alors. Nul n'en fut étonné, mais tout le monde en fut profondément affligé.

—

Plusieurs mois se passèrent sans événements nouveaux.

Cependant Tête-de-Fer, après quelques semaines de précautions pour garder sa personne contre toute surprise, avait repris sa vie de débauché et d'aventureux bandit. Il n'était sorte de taverne infâme qu'il ne hantât ; il n'était sorte de *bouge* où il ne passât de longues heures, la nuit, à faire *ripaille* avec les filles de joie, ses plaisirs devenaient de jour en jour plus dégradants. Il poussait, en outre, l'audace à l'extrême limite et insultait publiquement aux grandes dames des états Pontificaux.

Le légat, homme prudent et rusé, se plaignit enfin à lui de tant d'imprudence, lui prédisant quelque sinistre aventure. A ces paroles de l'oncle effrayé, Tête-de-Fer répondait par un éclat de rire, et buvait rasades aux belles épouses des barons provençaux.

Ces vives boutades finissaient par égayer un peu le légat, dont la tristesse sombre avait besoin d'une diversion quelconque, ou plutôt d'une excitation ; et même elles lui rendaient en quelque sorte une fermeté toujours sur le point de succomber devant d'incroyables terreurs. Le légat était dans cette situation d'un homme secrètement épouvanté de lui-même, et qui a besoin de spiritueux pour se donner du cœur : or, son tonique, son cordial à lui, c'était l'audace inouïe de Tête-de-Fer son neveu.

Un soir, cependant, il lui dit :

— Tout brave que tu es, ne sors jamais la nuit sans ta suite. Prends mes gens d'armes ; ils prient fort mal, mais ils se battent fort bien.

— Oncle vénérable, reprenait Tête-de-Fer, je voudrais avoir tous vos gentilshommes du comtat au bout de ma dague. Je vous les apporterais gras et embrochés comme des oisons.

— Je dis, neveu, répondait l'oncle en souriant du bout de ses lèvres pâles, je te dis de prendre avec toi quelques bonnes lames de mes grandes compagnies. Cuirasse toi de prudence, cela ne nuit pas à la force du bras.

— Ainsi ferai-je, mon petit oncle rouge, ainsi ferai-je, disait le libertin. Mais franchement il ne serait pas décent de mettre un piquet d'hommes d'armes du saint Père à la porte des lupanars pour me garder.

— Tu es incorrigible, reprenait le vieillard. Je te garderai donc malgré toi.

Et il tenait parole, car Tête-de-Fer ne sortait jamais ni jour ni nuit sans qu'une douzaine de gendarmes ne le suivissent à distance.

Le mois de janvier couvrait la Provence d'une belle gelée.

Cependant, par une nuit très-froide, la bise se leva. Ce fut un chasse-neige affreux. On ne voyait pas à dix pas; les tourbillons fouettaient le visage et effaçaient les traces des pas sur le sol glacé.

Par cette nuit terrible, Tête-de-Fer était sorti du palais comme de coutume, et ne devait rentrer que trois heures avant le jour. Il paraît que les hommes d'armes qui étaient chargés de le suivre avaient perdu ses traces. Tête-de-Fer avait visité seul plusieurs tripots infâmes où il avait bu, joué et chanté comme un vrai païen. Les *ceintures dorées* de la cité raffolaient de lui. Il était franc buveur, convive effréné et prodigue avec une indifférence effrayante. Aussi était-il adoré par les dames des tavernes, avons-nous dit, par les tavernier, les bandits, les soudards, les coupe-jarrets et les moines impies, ceux qui, sourdement, dans la nuit, allaient souiller leurs robes monastiques et les livrer aux railleries de Satan.

Il était environ deux heures du matin, Tête-de-Fer s'etait ennuyé du jeu et des ribaudes; il revenait seul, un peu ivre, et faisant craquer la neige sous ses talons éperonnés. Arrivé près du donjon du palais qui regarde le levant, il cherchait des yeux la poterne dont il portait avec lui la grosse clef, porte familière, par laquelle il s'introduisait sans bruit au palais, à peu près comme un renard dans son terrier. Le lieu était d'une solitude effrayante. Les sentinelles perchées d'ordinaire aux pignons des tours étaient rentrées, ne pouvant tenir à la bise qui était violente et glaciale. Tête-de-Fer, lui-même, serré dans son manteau, avait beaucoup de peine à trouver la serrure de la poterne: le vin et le froid rendaient sa main mal assurée, il tâtonnait et heurtait la clef contre la porte sans pouvoir la loger dans le trou. Il commençait à maudire la tempête, et, selon son usage, en termes d'une effrayante énergie, lorsque tout à coup il se sentit saisir par les coudes. S'imaginant alors que c'était quelque tavernier de ses compagnons qui se jouait de la sorte :

— Oh là ! ribaud, dit-il, tu railles par un bien mauvais temps! mais tu t'y prends mal, mon compère.

Et se dégageant par un coup nerveux, il tourna la face à l'inconnu. Trois hommes étaient devant lui, l'épée au poing.

— Par la mordieu ! dit Tête-de-Fer, c'était assez d'un, mais trois c'est mieux.

Et tirant sa rapière, il se mit à jouer du fer, jetant son manteau et frappant d'estoc et de taille à pourfendre un géant.

— Ah ! lâches ! cria t-il tout à coup.

Un filet avait été lancé sur lui par derrière. Il était pris comme une bête féroce. Aussitôt il sentit un baillon lui entrer dans la bouche. Ses cris s'étouffèrent en affreux râlements.

— Amenez-le au gibet, dit froidement un homme qui n'avait pas tiré le fer.

Tête-de-Fer, garrotté, roulé, plié, serré comme un loup pris au gîte, fut emporté par des estafiers à deux cents pas de là, sous une potence permanente, à un coin de rue en face de l'immense muraille crénelée du château apostolique, au sud regardant la ville. Une petite madone, dont la lampe sous verre et sous grillage brûlait encore, était nichée près du gibet. Il y avait là un moine, un dominicain, dont la robe blanche, barrée d'une large croix noire du haut en bas, ressemblait à un drap mortuaire. L'homme qui n'avait pas tiré le fer, et qui commandait aux autres, parla ainsi :

— La lâcheté féroce, l'adultère, scélérat, ne se punit que par la mort infamante. Confesse tes crimes, misérable, et meurs.

— Le combat! le combat! murmura en rugissant le patient bâillonné.

— Le combat? dit le chef de la troupe. Lâche libertin, adultère, sacrilége, tu n'auras que la corde.

— Comte, reprit Tête-de-Fer qui étouffait, je suis gentilhomme comme toi.

—Tu ne l'es plus, infâme! la corde! tu l'as choisie toi-même, brigand, lorsque tu disais : *pour t'embrasser, je risquerais la corde au cou.*

— Comte, sois généreux!...

— Voleur et assassin, l'as-tu été?... Qui l'a souillée, la plus noble des créatures? C'est toi. Qui l'a tuée de douleur? C'est toi. Pendez-le au gibet.

Le dominicain s'approcha de Tête-de-Fer, à qui on avait déjà passé au cou un nœud coulant, et à qui on avait enlevé le bâillon.

— Mon frère, dit le moine, ton âme est en péril...

— Tiens! répliqua Tête-de-Fer.

Et il lui cracha aux yeux. Soudain le nœud coulant se ressserra. Tête-de-Fer voulut pousser un cri, mais sa voix avorta, comme dans un rêve épouvantable. En un instant, il fut hissé à la potence. Ses convulsions furent effroyables. Malheur à qui aurait approché de lui en ce moment, car il bondissait à force de reins, et ses jambes nerveuses jetaient çà et là des ruades terribles, et ses talons de fer se heurtaient quelquefois comme deux marteaux de forgeron. Bientôt ces impétueux mouvements se calmèrent. Les bras garrottés du patient pendirent de toute leur longueur derrière lui ; son corps parut s'allonger, et sa tête pendit de côté en poussant un dernier râle. Il était mort.

— Tout est dit, reprit le chef de la troupe. Mon honneur est satisfait.

On emporta l'échelle, le filet, la rapière du mort, le bâillon et on se retira, laissant ce grand corps pendu, et déjà glacé, que la bise balançait dans l'ombre.

Les exécuteurs de cette œuvre de haute justice, disparurent dans le dédale des rues tortueuses. Le chasse-neige qui soufflait avec violence, effaça toutes les traces de leurs pas. Ils l'avaient prévu ainsi.

Un jour resplendissant succéda à cette nuit ténébreuse, à cette tempête glaciale. Le Midi est le pays des contrastes, et le climat de Provence en fournit la preuve à tous moments.

Monseigneur le légat, une heure avant le jour, s'était levé. Il avait chaussé ses mules, et il s'était revêtu d'une robe très-chaude, fourrée de martres-zibelines. Son camérier l'avait trouvé fort agité. Le légat lui demanda de lui allumer un grand feu, se sentant d'étranges frissons. Puis, rappelant de nouveau cet homme qui sortait :

— Mon neveu, dit-il, qu'on invite mon neveu à me venir voir ?

Le camérier rentra bientôt, suivi de deux valets. Le feu étant allumé, monseigneur s'en approcha en grelottant.

— Eh bien ! reprit-il, et mon neveu ?

Le camérier se tut. Le majordome du palais demanda à être introduit.

— Monseigneur, dit-il, en baisant l'anneau de l'éminentissime légat apostolique, monseigneur veut-il permettre à son chapelain d'assister à son lever?

— Pourquoi cela, messire Gonzalve, dit le légat. Vous savez que je veux être seul le matin, que ce chapelain aille dire ses offices.

— Eminence, reprit le majordome, alors daigne-rez-vous permettre au capitaine général de vos gardes d'arriver jusqu'à vous?

— Que se passe-t-il donc? répliqua monseigneur qui venait de pâlir. Tout mon monde est donc dans mon antichambre ce matin?

— Il y a quelques personnes, en effet, Eminence, dit messire Gonzalve.

— Eh bien! faites entrer; mon neveu! ajouta le légat.

En disant ces mots, il se retourna et vit son ca-merier qui faisait des signes au majordome

— Oh! oh! dit-il, serait-ce un complot? Que mon capitaine général soit introduit sur-le-champ.

Trois minutes après, un homme à barbe grise, armé très-richement de pied en cap, était en pré-sence du légat qui, d'un geste, renvoya tout le monde.

— Que se passe-t-il donc? baron, lui dit l'Émi-nence; il y a quelque trame contre moi, quelque insurrection?

— Non, Eminence, rien, répondit le vieux capi-taine aux gardes.

— Alors pourquoi cette singulière préoccupation? Tous mes gens me paraissent fous, ce matin.

— Eminence, dit le vétéran, vous avez un grand cœur.... n'est-ce pas?

— J'en ai assez toujours pour châtier les mutins.

— Eh bien! monseigneur, c'est le cas d'assem-bler les chambres de haute justice et d'informer les diverses capitaineries qu'un grand crime vient d'être commis.

Le légat faillit tomber à la renverse dans le feu flambant dans la vaste cheminée. Le capitaine gé-néral le soutint et lui indiqua de la main les salles voisines du grand cabinet où se touvait l'Eminence. Le légat y courut malgré son âge. Il traversa une salle déserte ; il arriva à la seconde, immense vaisseau, surplombé d'une voûte à nervures d'une étonnante et colossale hardiesse. Rien d étrange n'était encore dans cette salle solitaire, dont les grands portraits de pontifes et de légats se regardaient entre eux. Alors, monseigneur, se retournant vers le capitaine, l'interrogea du regard. Le véteran lui indiqua une des grandes croisées donnant au sud. Le prélat marcha droit à cette fenêtre, l'ouvrit lui-même, et voyant le ciel resplendissant, se prit à sourire sans savoir trop pourquoi. Puis, il regarda en face de lui, sous les murs du palais.

— Oh ! dit-il, un homme est pendu au gibet permanent de la justice de l'évêque. Quelque misérable aurait été sacrilége envers le bon évêque d'Avignon ?

Le capitaine ne répondait pas. Il croisait les bras sur sa cuirasse, et il attendait. Le légat regardait toujours le gibet que les premiers rayons du soleil touchaient à peine.

— Comment, dit-il, le pendu a des éperons si brillants ! il semble avoir aussi un baudrier si riche ! Que signifie cela, baron ?

Le capitaine restait immobile, taciturne, les yeux baissés. Tout à coup, monseigneur devint pâle comme un mort, ses yeux s'agrandirent de terreur, sa main ouverte sur le tablier de la fenêtre, serra fortement le velours de l'appui ; il paraissait comme pétrifié. Il venait de reconnaître à son habit de guerre, le pendu, son neveu. Le capitaine-général s'approcha alors de monseigneur ; il prévoyait qu'il allait tomber. En effet, il le reçut raide et tout d'une pièce dans ses bras, il l'emporta dans la chambre où les domestiques, mornes et silencieux, l'attendaient.

Personne n'avait osé lui annoncer la fatale nouvelle, car celui qui aurait eu cette hardiesse se serait exposé probablement au péril d'être tué dans un premier mouvement de colère. Le légat, quoique vieux, avait toujours sur lui un poignard prodigieusement effilé et d'une trempe dangereuse.

Le camérier et les varlets couchèrent leur maître sur le lit aux grands rideaux de velours, au baldaquin armoirié. On appela les médecins du légat et son confesseur.

La ville papale était consternée. Plusieurs hauts barons, dans leur prévoyance d'une vengeance aveugle et terrible, crurent devoir s'adresser au Saint-Père, se mettant sous son immédiate et sainte sauvegarde.

Cependant la nouvelle se répandit, trois mois après l'événement, que Dieu avait touché le cœur de l'éminentissime vice-roi, et, qu'après des larmes amères, abondantes, il avait courbé la tête sous la main divine qui le châtiait, et qu'il renonçait à toute poursuite judiciaire, voulant même se réconcilier avec ses ennemis, à qui il offrait réparation et protection sincère.

En effet, tout était changé au palais apostolique : l'appareil militaire avait fait place à une attitude toute pacifique; une garde d'honneur seule avait été conservée. Les piquiers, les arbalétriers ne se montraient plus aux créneaux et sur les donjons. On les avait même envoyés tenir leurs quartiers à Carpentras et dans les autres petites dépendances d'Avignon. Plus de gendarmes montant des chevaux bardés de fer, plus de varlets armés jusqu'aux dents et escortant la mule de monseigneur.

Hélas ! lui-même, le pauvre vieillard, passait sa vie au pied de l'autel, prosterné, navré, repentant. Qui avait opéré ce miracle, grand Dieu ! C'était la grâce sans doute, mais par l'entremise pieuse, charitable, de l'évêque d'Avignon, homme excellent, homme évangélique dans toute la vérité de l'expression. Quelques frères prêcheurs aussi avaient bien secondé le digne évêque. On sait combien leur ordre était alors puissant et respecté.

Un an et quatre mois s'écoulèrent sans événements. Or, au mois de mai de la seconde année, le bruit se répandit que la santé du légat était dans un état de dépérissement sans ressource. Le printemps était revenu avec ses parfums et ses douces haleines. Les grands tapis de verdure, les grands ombrages, les eaux murmurantes, toute richesse, toute fécondité, toute grâce, avaient été rendus au comtat d'Avignon. La ville elle-même s'égayait de la fraîche beauté de ses campagnes.

Une nouvelle non moins heureuse que le retour de la belle saison circulait parmi les gens au fait des affaires de haut lieu. On disait que le légat apostolique, épuisé de fatigues et d'années, inconsolable d'ailleurs d'une perte cruelle et récente, ayant besoin d'une retraite absolue, avait supplié le Saint-Père de pourvoir à un successeur à Avignon, et qu'il avait obtenu l'autorisation d'aller s'enfermer en Espagne, dans un magnifique monastère, dont il serait abbé souverain. On ajoutait même qu'il voulait adresser ses adieux à la noblesse du comtat dans un banquet de paix et de réconciliation.

La nouvelle ne manquait pas de fondement. Le pieux évêque d'Avignon annonça, en effet, que l'Eminentissime légat avait reçu des bulles de Sa Sainteté, et qu'il allait convoquer les nobles seigneurs, les féaux vassaux du Saint-Père, pour prendre congé d'eux et se réconcilier avec ses ennemis.

Le jour du banquet des adieux arriva. La noblesse convoquée ne fit pas défaut à l'invitation du vice-roi apostolique. Elle se rendit au palais en pompeux habits de fêtes. Beaucoup de jeunes femmes, plus belles, plus charmantes que jamais, furent amenées par leurs pères et leurs époux.

Cependant, par un reste d'habitude, par un excès de précaution peut-être, le plus grand nombre des gentilshommes crurent devoir s'armer sous le velours ou le brocard de leur costume, et se faire escorter par de bonnes arquebuses et de fines lames à leur service.

Le légat recevait son monde dans une galerie charmante, toute bordée d'arabesques étincelantes de dorures, étoffée des plus beaux damas de France. Les meubles étaient d'une richesse royale. Le vieux prélat, bien pâle, bien amaigri, pouvait à peine se lever de sa chaise à bras à mesure que quelque noble dame arrivait. Il faisait à chacune des excuses touchantes, et d'une humilité qui tenait de la cordialité et du repentir. On jugeait à la faiblesse de ses jambes et au peu d'animation de ses regards voilés, que le pauvre vieillard inclinait beaucoup vers la tombe.

A l'heure fixée pour le banquet, deux majordomes, portant sur leur poitrine l'écusson brodé aux armes du Saint-Père et du légat, s'avancèrent vers l'Eminence, tenant chacun à la main un riche flambeau de vermeil. Alors deux pages s'approchèrent du légat, deux enfants charmants, blonds et délicats comme des femmes; l'Eminence se leva en se dressant sur les bras de sa chaise et s'appuyant des deux mains sur les épaules des pages, il marcha à la suite des majordomes.

Toute la noblesse l'accompagnait comme la cour du meilleur des princes Les gentilhommes offraient le poing aux dames, les dames souriaient aux beaux cavaliers. Dans le fond de la galerie, les deux énormes battants d'une porte royale s'ouvrirent, et la salle du banquet resplendit tout à coup comme un immense sanctuaire.

Jamais table plus riche et plus somptueusement chargée de tout ce que l'art peut inventer pour la goût et pour les yeux, des lustres brillaient par milliers sous la voûte, haute, profonde, azurée comme un firmament. De magnifiques bouquets de fleurs étaient déposés à la place où chaque dame devait s'asseoir, et des devises d'une galanterie touchante se trouvaient écrites dans des billets posés à côté des fleurs; la plupart de ces devises renfermaient de respectueux avis, de tendres adieux, des hommages où la mélancolie se mêlait à l'admiration. Il y avait dans tout cela une grâce triste, un repentir de bon goût et de franc retour.

Le banquet commença sous les plus heureux auspices. Peu à peu même la gaîté se mêla de la partie. La belle jeunesse reprenait ses droits, et les hommes d'un âge mûr s'évertuaient à discuter avec urbanité sur les questions les plus inoffensives, la poésie, la théologie, la peinture et même le métier des armes.

Or, vers le milieu du banquet, un officier du palais vint parler à l'oreille de l'Eminentissime légat, qui parut lui répondre avec intérêt. Un instant après, s'adressant à tout le beau monde de la fête :

— Mesdames, dit-il, d'une voix très-douce, et vous, nobles barons, j'ai de grandes excuses à vous adresser. Un courrier extraordinaire arrive de Rome en ce moment. Le Saint-Père m'ordonne de lui transmettre immédiatement la réponse à ses missives. Je suis le serviteur des serviteurs de Sa Sainteté. Permettez-moi de vous quitter un moment, je reviendrai à vous le cœur joyeux, l'âme reposée et fière de votre aménité pour moi.

Il se leva, et tout le monde se leva aussi. Quelques gentilhommes, remplissant leur hanap, proposèrent la santé de l'Éminence, avant qu'elle quittât le banquet.

— Oh ! mes amis, dit le légat, de tout mon cœur et avec allégresse.

Levant alors le magnifique hanap placé devant lui :

— Je bois, dit-il, à l'oubli du passé, à des jours meilleurs, aux dames, à la bonne ville d'Avignon !

— Vivat ! crièrent les gentilhommes.

Le légat quitta la salle à pas lents, appuyé sur les pages. Il fut suivi par quelques fidèles serviteurs. Monseigneur se dirigea vers ses appartements. Là, enfermé avec un homme de haute taille, armé d'une rapière, de deux larges poignards et d'une arquebuse, il se prit à parler ainsi :

— Tout est-il prêt, mon compère?

— Oui, Eminence

— La mèche?

— Elle est attachée solidement, soufrée et goudronnée.

— La traînée?

— Bien tracée, courant sur une ligne oblique et sur un sol très-sec.

— Le tonneau?

— Bien cerclé; un cœur de chêne excellent, recevant la mèche par une ouverture suffisante et jusqu'au centre.

— La poudre de mine?

— Admirable, bien séchée, bien nette, bien grainée, fine et noire, violente comme le tonnerre.

— Allons, mon compère, descendons.

A ces mots, le vieillard amaigri et pâle, qui tout à l'heure ne pouvait marcher qu'avec deux appuis, se redressa avec vigueur, et se débarrassa en quelques minutes de son costume de cérém nie. Il se revêtit d'un habit de voyage, et prit sur lui de belles et bonnes armes. Il pendit en outre à sa ceinture, un sac de cuir très-gonflé, et qui paraissait fort lourd, le sac des éventualités et des provisions, le sac enfermant le dieu du monde, l'or en beaux ducats. Puis, s'adressant encore à l'homme terrible :

— Tout mon monde est-il parti?

— Oui, Eminence.

— Camérier, majordome, six valets, trente gendarmes?

— Oui, Eminence.

— Et mes petits pages?

— Tous, moins deux.

— Ils sont là qui m'attendent. Ils me suivront. Et mes cassettes, mes hardes?

— On a tout emporté, Eminence.

— C'est bien ! délogeons. Je crois déjà sentir une odeur de soufre et de poudre qui me réjouit le cœur.

Alors prenant sous son bras un petit coffret d'ar-

gent qu'il avait caché au fond d'un bahut, il appela
ses deux pages.

— Enfants, dit-il, marchez près de nous et prenez ce chemin.

L'éminence quitta son appartement par une porte
secrète. L'homme terrible précédait le maître, les
pages portaient deux flambeaux. On passa dans un
couloir pratiqué dans l'énorme épaisseur des murailles, on descendit un escalier sourd, tournant
comme un colimaçon, un escalier creusé dans le
flanc d'un donjon. Arrivé dans une petite salle
basse où jamais rayon de soleil n'était entré, l'es-
tafier montra de la main une longue mèche noi-
râtre et soufrée qui pendait d'un trou de la voûte
où elle semblait se glisser comme un serpent.

L'homme terrible alluma sa lanterne grillée de
fer, tandis que le légat, saisissant un riche flambeau de la main d'un page, alluma le bout de la
mèche. Sa main avait tremblé convulsivement. La
mèche flamba, et le feu montait par degré à cette
corde infernale.

— Délogeons, dit le légat.

Et tous les quatre passèrent rapidement sous une
poterne entr'ouverte d'avance, et qui donnait sur
l'entrée d'un souterrain, un boyau creusé dans le
rocher, immense, inconnu, conduisant sous la ville
jusqu'au fleuve et sous le fleuve, jusqu'au delà des
îles du Rhône.

La longue mèche soufrée traversait la voûte et,
serpentant dans un conduit habilement ménagé jusqu'au pavé de la salle du banquet, allait s'engloutir
dans un tonneau de poudre de mine placé sous la
table du festin.

Le légat fuyait à toutes jambes dans le souterrain,
suivi de ses deux pages épouvantés, et précédé de
son *compère*. Au bout d'un quart d'heure de marche, il crut entendre un coup de foudre et il sentit
la terre trembler. Arrivé au delà du fleuve, il trouva
les gens de sa maison avec des mulets et des chevaux rapides et vigoureux, et cette caravane se mit

en marche à travers les bois du Languedoc ; elle
traversa une partie de la France, arriva jusqu'au
Roussillon, gagna les Hautes-Pyrénées, puis enva-
hit l'Espagne, assurée qu'elle était de son protectorat.

L'éminentissime légat ne s'était point trompé. La
mèche soufrée avait été fidèle et prompte. Avignon
entendit tout à coup une épouvantable détonation
et le château, l'énorme château apostolique, trem-
bla dans ses fondements. La terreur fut telle que,
jusqu'au matin, nul n'osa s'approcher de l'édifice
formidable qui, pareil à un volcan, pouvait à tout
moment vomir la mort et la destruction.

Cependant les consuls et le viguier ordonnèrent
à la milice de fouiller le palais abandonné ; des
soldats montèrent en grand nombre dans les galeries et les salles désertes ; le peuple les suivit et, à
la tête du peuple, beaucoup de gentilshommes,
poussés par le désespoir et d'horribles appréhen-
sions, enfoncèrent les premiers les barrières des
larges escaliers.

Dans cet immense logis de la terreur, une seule
salle était encore fermée. On tenta d'en enfoncer
les portes ; on découvrit qu'elles étaient de fer.
Alors il fallut monter aux fenêtres par escalade, et
ceux qui parvinrent jusqu'à l'intérieur de cette
salle infernale faillirent tomber morts d'épouvante.

Dans cette caverne comme dans un four gigan-
tesque de l'enfer, tout était brûlé. Une fumée
épaisse s'échappa des croisées ouvertes par la hache.
Bientôt on put distinguer au milieu des décombres
trois cents cadavres, ou plutôt un amas monstrueux
de membres humains, la plupart réduits en char-
bon. Le feu avait dévoré ce que la violence de la
mine avait épargné. A la voûte de la salle, une
longue fente losangée était effrayante à voir. Le
dôme ogival avait failli s'ouvrir sous la détonation.
Le coup avait été sourd, formidable, horrible.

Ainsi périt dans un festin, au *banquet des adieux*
une grande partie de la noblesse du comtat. L'é-

minentissime légat avait comprimé pendant quatorze mois la violence de sa douleur, la flamme de sa haine. Perdant l'espoir de découvrir les meurtriers de Tête-de-Fer, il avait voulu d'un seul coup anéantir ces coupables au milieu de ses plus francs ennemis assemblés. Mais comment l'Éminence n'avait-elle pas pu les découvrir? le voici: Par une bizarrerie ou plutôt par un dessein mystérieux de la Providence. Tête-de Fer n'avait jamais voulu conter à son oncle la véritable aventure qui l'avait éloigné du palais pendant quelques jours; et, quant aux hommes d'armes qui, la nuit du rapt, avaient escorté le neveu du légat, on les avait trouvés poignardés le lendemain dans les rues de la ville.

Depuis lors, cette salle immense, située au sud du palais, une des plus grandes, une des plus hardies qui aient été bâties, s'est appelée la *salle brûlée*.

FIN DE LA SALLE BRULÉE.

Clichy. — Impr. M. Loignon, Paul Dupont et Cie, rue du Bac-d'Asnières, 12.